이상한 이야기

다른 곳 펴낸

박재양 지음

다른 듯 닮은
이집트
이야기

청아출판사

학위를 취득하기 위하여 1980년대 중반 카이로 국제공항에 도착한 순간, 긴장감과 설렘, 자신감과 두려움 등 여러 감정이 교차하였던 기억이 난다.

시내로 들어가는 택시 안에서 창밖을 바라보며 내가 좋아하는 학문을 빨리 끝마치고 돌아가자 했던 것이 학업과 근무를 통틀어 이집트에서 30여 년의 세월을 보냈다. 물론 중간에 한국 생활도 했지만, 꾸준히 이집트와의 인연을 놓지 않고 살고 있다.

아랍어를 지도해 주신 스승님, 친구들, 동네 사람들, 거리에서 만난 사람들이 나의 기억 속에서 빠르게 스쳐 지나간다. 고맙고 정다운 나의 이웃이며, 친구들이다.

내게 젊은 시절의 아름다운 추억을 만들어 준 이집트 그리고 이집트 사람들. 나의 기억 속에서 멀어지기 전에 그들의 이야기를 오래 간직하고, 여러분과 공감하고 싶어 주저주저하면서 펜을 들었다.

우리나라와는 거리상으로 멀리 떨어져 있는 이집트는 아라비아 반도가 아닌 북부 아프리카에 위치한 아랍 국가이다. 동서양 문화 교류로 찬란한 헬레니즘 문화를 꽃피웠던 중심지이자 피라미드의 나라 이집트. 이집트인들은 우리와 전혀 다른 삶을 살아가는 사람들일까?

아니다. 그들은 우리와 인종, 피부색, 언어는 달라도, 가족을 중요시하여 결혼한 딸이 고생할까 봐 데리고 살기를 원하고, 장모의 등쌀에 사위가 곤란해하고, 과외 열풍 등 자식에 대한 사랑은 우리와 닮은 문화를 가지고 있다.

이 책에서 풀어 가는 이집트 이야기는 필자가 1980년대 중반부터 이집트에 살면서 만났던 사람들의 삶의 이야기와 문화, 음식, 사회, 종교 등 이집트의 다양한 모습에 관한 이야기이다.

우리와 다른 듯 닮은 이집트인들의 삶과 문화에 대해 작은 부분이나마 간접적으로 이해하는 계기가 되어 이집트가 우리의 친근한 이웃으로 다가와 상호 공감과 교류가 활발해지기를 바란다.

하늘나라에 계신 아버님, 오랜 기간 헤어져 지냈던 어머님과 형제들, 유학 시절부터 지금까지 지지해 준 아내와 두 아들에게 고마움을 전한다. 또한 책의 출판을 위하여 조언해 주신 이희수 선배님, 카이로에 있는 지인들에게 감사함을 전한다.

끝으로 어려운 시기에도 흔쾌히 출판을 위하여 도움을 주신 청아출판사에 감사의 인사를 전한다.

2021년 3월

박재양

이집트 역사와 종교, 지리 이야기

이집트 문화 이야기

이집트 음식 이야기

이집트 사람들 이야기

한국이 궁금해하는 아랍과 이슬람 사회

피라미드, 스핑크스, 미라… 영화에 등장하는 단골 테마이자, 고대 세계 여행을 꿈꾸는 사람이라면 첫 번째로 떠올리는 아이콘이다. 이 아이콘의 살아 있는 성지인 이집트에 대해 우리는 얼마나 알고 있을까? 5,000년 전에 피라미드와 스핑크스를 세웠던 파라오 왕조는 누구인가? 또한 누구의 조상인가? 3,000여 년의 화려한 역사를 이끌었던 그들은 또 누구인가?

파라오 왕조는 현재 아랍의 맹주국 중 하나인 이집트의 조상으로, 수천 년이 지난 지금까지 인류가 감탄할 만한 찬란한 문화유산을 남겼다. 그들의 후손은 기독교 문화를 수용했고, 동서양의 문화를 융합 발전시킨 헬레니즘 시대를 이끌었으며, 세계 문화사적으로 한 획을 그은 비잔틴 시대를 거쳐 7세기 중엽에는 아라비아반도에서 탄생한 이슬람까지 받아들였다. 신흥 종교 이슬람은 찬란한 문명의 파라오 후손들을 아랍 민족으로 편입하면서 사막에서 탄생한 종교의 한계를 뛰어넘는 계기를 마련하였다.

오늘날 이집트 인구의 90%가 무슬림이다. 한마디로 그들은 파라오 문화와 기독교 문화를 거쳐 아랍 문화로 정착했다. 현재 이집트 문화의 밑바탕은 아랍 민족이 가지고 있는 특징을 고스란히 간직한 아랍 문화다. 의식주, 언어, 종교 등 인간의 가장 기본적인 부분까지 아랍 문화가 이집트인의 가슴에서 숨 쉬고 있다.

그렇다면 아랍이란 무엇인가? 아랍은 민족적으로 함족, 셈족이며, 아랍어를 모국어로 사용하는 사람을 가리킨다. 이집트인은 7세기 이슬람을 받아들이면서, 당시 사용하던 언어인 콥트어를 버리고 아랍어를 받아들였다. 이미 헬레니즘과 비잔틴 문화를 경험했던 이집트인은 생소한 이슬람 문화에 저항 없이 동화했다.

이집트의 수도 카이로는 중세 최대의 도시로, 이라크의 바그다드와 스페인의 코르도바와 함께 이슬람 세계의 학문, 정치, 문화의 중심지로 번창했다. 칭기즈칸의 후예가 바그다드의 아바스 왕조를 점령한 뒤 파라오의 영토를 넘보았을 때, 카이로 왕조는 아인잘루트 전투에서 그들을 격퇴했다. 이로써 몽골은 더는 이집트 및 아랍 지역을 넘겨보지 못했다. 이집트가 세계 제국을 건설한 몽골을 상대로 승리한 원천은 무엇일까? 외세의 유입에 유연하게 대처해 온 전통과 알라 앞에서는 모두가 평등하다는 기조 아래 집권층과 국민이 단결해 싸운 결과가 아닐까 한다.

아랍권의 강력한 리더로 성장한 이집트. 그들이 아랍권에 행사하는 영향력은 겉으로 드러난 것보다 강하다. 이집트는 아라비아반도 국가의 기간산업에 종사하고 있다. 게다가 오랜 기간 교류가 이루어지고 있어서 아라비아반도 사람들은 이집트인의 언어, 행동 등에 익숙해져 있다. 이집트는 이슬람-아랍 문화의 중심지로, 북아프리카와 아라비안반도, 서아시아까지 아우르는 지역 문화에서 중추적 역할을 한다. 그렇기에 이집트의 아랍 문화를 알게 되면, 주변 아랍권의 문화와 사회를 이해하는 것은 물론, 산유국 중심의 이슬람 문화에서 탈피하는 계기가 될 것이다.

이집트에는 아랍 국가들이 권익을 보호하기 위해 창설한 아랍연맹 본부가 있다. 22개국을 회원국으로 가지고 있는 아랍연맹의 공식 종교는 이슬람교이고, 아랍 문화를 기반으로 하고 있다. 과연 아랍 문화의 뿌리인 이슬람 문화는 무엇인가? 아랍을 하나의 문화로 묶어 주는 이슬람 문화의 원천은 알라의 말씀인 《꾸란》과 사도 무함마드의 언행록인 《하디스》에서 나온다. 두 경전은 아랍 사회에서 발생하는 모든 것을 규제한다.

특히 성서인 《꾸란》에 대한 공경과 사랑은 다른 종교와 비교할 때 매우 높다. 《꾸란》이 바닥에 놓여 있어도 안 되고, 다른 책과 겹쳐 놓아서도 안 된다. 다른 사람에게 《꾸란》을 전할 때는 반드시 오른손으로 건네야 하고, 낙서해서도 안 되며, 찢거나 훼손하지 말아야 한다. 아랍인의 사무실이나 집 등을 방문해 보면 항상 깨끗하고 높은 장소에 잘 보관되어 있는 《꾸란》을 볼 수 있다. 또한 아랍인은 아름답게 제본된 《꾸란》을 선물로 주고받는다. 아랍 국가 간 지도자의 선물로도 《꾸란》이 빠지지 않는다. 《하디스》는 성서인 《꾸란》의 이해를 돕고자 무함마드가 직접 추종자에게 말과 행동으로 설명한 것을 집대성한 것이다.

이슬람 사회는 수니와 시아로 구분된다. 두 파의 종교적 차이점은 이슬람 초기 공동체인 '움마'를 이끄는 지도자의 선출 방식에서 나타난다. 공동체의 '이즈마'(=만장일치)를 통하여 지도자를 정해야 한다는 수니와 사도 무함마드 혈통만이 지도자가 되어야 한다는 시아로 구분된다.

시아로 구분되는 대표적 국가는 이란이며, 인구의 90% 이상이 시아파다. 인구의 반수 이상이 시아를 추종하는 국가로는 이라크, 바레인이 있다. 시리아, 레바논, 예멘에도 시아파들이 있지만, 반수를 넘지는 않는다. 오늘날에는 수니 및 시아의 추종 세력이 아랍 국가마다 있고, 타 종교를 믿는 아랍인도 있다. 그러나 서로 다른 종교를 이유로 심하게 반목하지는 않는다.

하나의 아랍 사회라도 각국은 서로 다른 다양한 관습을 가지고 있다. 아라비아반도에서 출발한 베두인의 문화가 주변의 문명 지역으로 퍼져 나갈 때 피지배 지역의 전통과 관습을 수용했기에 가능한 일이다. 심지어 그들은 두 경전을 바탕으로 사회의 규범을 정할 때도 각 나라의 전통, 관습, 부족의 관례 등을 참조하며 다양한 유권 해석을 내렸다.

1,400여 년을 하나의 종교로 꿋꿋이 이어 온 아랍 사회를 지탱한 원천은 일상생활에서 실천하는 이슬람의 오주(五柱)와 육신(六信)에서 찾을 수 있다.

무슬림의 실천 규범인 오주는 '증언', '예배', '단식', '희사', '순례'이다. 증언은 알라는 한 분이시며 무함마드는 사도라는 것을 믿고 표현하는 것이며, 예배는 하루에 다섯 번 정해진 시간에 드리는 것이고, 단식은 단식 월 한 달 동안에 굶는 것이다. 희사는 총수입의 2.5%를 가난한 사람들을 위하여 내어놓는 것이며, 순례는 무슬림이 라면 평생에 한 번은 정해진 기간에 메카를 다녀오는 것이다. 육신 은 신의 유일성 및 천사들을 믿고, 사도들과 경전을 믿고, 최후 심판 일, 정명론을 믿는 것이다.

과격 단체가 생겼다가 사라지고, 또다시 출현하여도 흔들리지 않 는 아랍 사회는 이슬람의 다양성으로 설명할 수 있다. 과격파나 온 건파나 그들이 주장하는 근원은 《꾸란》과 《하디스》이다. 두 경전을 다양하게 해석한 결과로, 과격파는 모호한 《꾸란》 구절을 이용하여 자기들에게 유리하게 해석하여 정의를 내리기 때문이다.

경전의 다양한 해석은 이슬람 공동체가 아라비아반도를 벗어나 주변으로 확장되어 문명화된 사회(페르시아, 비잔틴, 파라오, 메소포타미아) 를 지배하면서 가능해졌다. 이슬람의 근원인 《꾸란》과 《하디스》의 훼손 없이 피지배 지역의 전통을 반영한 유권 해석을 내린 결과다.

오늘날에도 아랍 사회에는 《꾸란》과 《하디스》로 적용이 안 되는 사항을 각 나라의 상황에 맞도록 종교적인 해석을 내리는 '무프티' 가 존재한다. 1,400여 년 전의 《꾸란》과 《하디스》로 현대 사회에서 발생하는 일에 100% 맞는 규범을 적용한다는 것은 불가능하다. 이때 학식이 풍부한 '울라마'(=이슬람 신학자와 법학자를 통틀어 일컫는 말) 출신인 무프티가 경전의 훼손 없이 현실에 부합하는 '파트와'(=견해)를 내려 아랍 사회의 규범을 유지하고 있다.

이집트 역사와
종교, 지리 이야기

EGYPT

01.
파라오의 후손

기원전 332년 알렉산드로스 대왕은 이집트의 아름다운 도시 알렉산드리아 해변에 닻을 내렸다. 그 후 이집트는 그리스와 로마의 영향을 받았는데, 이때 비잔틴 기독교가 유입되었다. 7세기에는 아라비아반도에서 탄생한 이슬람교 또한 전파되었다.

이집트와 기독교의 인연은 파라오 시대인 기원전 16세기경 시작되었다. 파라오의 왕자인 '모세'가 이스라엘 백성과 출애굽을 하고, 기원전 1세기 전후에는 아기 예수가 헤롯왕에게 쫓겨 이집트로 피난을 와 3년 6개월간 거주했던 것에서 기원을 찾을 수 있다.

이후 콘스탄티노플에서 복음서를 쓴 마가가 이집트 땅에 발을 들이면서 이집트 전역에 기독교가 전파되었다. 이 이집트 기독교를 '콥틱 기독교'(=콥트 정교회)라고 한다. 그러다 7세기 중엽 이슬람이 전파되면서, 많은 국민들이 개종하였다. 현재 이집트 인구의 약 90%는 무슬림이고 나머지 약 10%만이 기독교인이다.

콥틱 기독교인은 양성론을 주장하는 로마 가톨릭과는 달리 단성론을 주장한다. 이 때문에 콜카타 종교회의에서 이단으로 판결되어 핍박을 받았다. 이런 상황에 이슬람이 전파되었고, 이집트인은 스스로 이슬람의 문을 두드렸다.

+ 콥트 정교회의 성 마가 성화 위키, 퍼블릭도메인

이집트 콥틱 기독교는 로마교황청 소속이 아니다. 독립된 교회로 그들만의 교황이 있고 교황청은 카이로에 있다. 이집트 전역에 교회와 수도원이 있으며, 무슬림과도 공생하면서 이집트인으로 산다. 매년 무슬림인 이집트 대통령은 콥틱 기독교의 교황청에서 개최하는 종교 행사에 참여한다. 한때 조상의 종교였던 콥틱 기독교의 예배 의식을 참관하기 위해서다. 그런데도 보수주의자들이 모여 사는 이집트 남부 '아수유트' 지역에서는 두 종교 간의 분쟁이 종종 발생한다. 나라에서 직접 분쟁 해결에 나서기도 한다.

열악한 환경 속에서도 이집트 콥틱 기독교인들은 자신들의 종교를 지키기 위하여 그들 종교 이외의 사람들과는 혼인하지 않는다. 따라서 학자들 사이에서는 콥틱 기독교인들이 파라오의 DNA를 이어 오는 진정한 파라오의 후손이라고 여겨지고 있다.

02. 카이로의 살라딘 성채와 동굴교회

카이로에서 가장 높은 언덕에는 커다란 성채가 있다. 카이로 시내를 내려다보고 있는 성채의 이름은 '살라딘'이다. 살라딘은 중세 십자군 전쟁 때 십자군에게 덕장으로 인정받은 유명한 이슬람 장군이다. 그는 지금의 시리아, 이스라엘을 포함해 이집트까지 광활한 영토를 관할하였다. 이 지역의 요충지에는 살라딘 성채라 불리는 거대한 요새가 있다.

카이로의 살라딘 성채 안에는 터키의 이스탄불 블루 모스크를 본떠 만든 '무함마드 알리 모스크'가 있다. 또한 중세 때 병사들을 양성했던 훈련소 및 막사 등이 있던 복합단지가 현존하고 있다. 이곳에서는 카이로 시내뿐만 아니라 나일강 건너 사막 한가운데 있는 피라미드까지 볼 수 있기 때문이다.

그 위로 거대한 바위산이 있다. 화강암 덩어리인 이 바위산은 '무깟담 언덕'이라고 하며, 피라미드를 만든 돌을 이곳에서 가져갔다고 한다. 이 거대한 화강암 덩어리를 깨고 홈을 만들어 동굴교회를 세웠다. 주일 예배에는 근처 쓰레기 마을의 기독교 신자들이 모여 예배를 본다. 동굴교회 의자에 앉아 기도를 드리고 있으면 머리 위의 바위산이 금방이라도 쏟아져 내려올 것 같다.

EGYPT

03.
'시와'와 '파이윰'

이집트와 리비아 국경이 만나는 지역에 '시와' 오아시스가 있다. 시와는 알렉산드로스 대왕이 동방 원정길에 알렉산드리아에 발을 디딘 다음에 찾은 곳이다. 파라오 시대가 저물어 갈 때 파라오를 보필하던 승려들이 거주하던 곳도 바로 이곳이다.

+ 저 멀리 보이는 시와 오아시스 위키, CC BY-SA 4.0

알렉산드리아에서 서쪽을 향해 지중해변을 따라가다 보면, 우측의 바다를 제외하고는 모두 황폐한 사막이 나온다. 좌우가 사막지대인 도로를 따라 300㎞쯤 달리다 보면, 멀리 푸른 지대가 펼쳐진다. 그 모습을 보면 감탄이 저절로 나온다. 황폐한 수백 킬로미터의 사막 한가운데에 분지 형태의 푸른 지대가 조성되어 있다니, 조물주의 위대함에 경건해진다.

푸른 지대를 따라 내려가다 보면 거대한 소금 호수가 보인다. 주변에는 맑은 민물, 온천물도 함께 있고 마을도 있다. 마을 끝은 다시 고운 모래로 조성되어 있는 사막지대이다. 태고의 자연이 그대로 남아 있다.

알렉산드로스 대왕은 이곳에서 본인이 파라오가 될 수 있냐고 승려들에게 물었고, 될 수 있다는 확언을 받았다. 그러고는 파라오의 후손임을 자처하며 이집트 정복에 나섰다. 그렇기에 알렉산드로스 대왕은 파라오의 유적들을 훼손하지 않았다. 이를 증명하는 것이 신왕조의 수도인 '룩소르'에 위치한 신전 안에 있다. 알렉산드로스 대왕은 이곳에 자신의 신전을 만들어 본인이 파라오의 후손이라는 흔적을 남겼다.

시와 오아시스는 사막 한가운데 있는 분지로 소금 호수와 온천수가 있다. 이집트 정부는 이 지역에서 식수용 생수를 뽑아 이집트 전역에 판매하고 있다. 사막 한가운데에 소금물과 민물이 공존하는 것이 참 경이롭다.

이곳을 조금만 벗어나면 모래사막이 나온다. 모래 스키를 탈 수있을 정도의 고운 황금빛 모래가 산을 이루고 있다. 석양이 질 때 눈위가 아닌 모래 위를 보드를 타고 내려가는 것은 참으로 색다른 경험이다. 또한 한밤중에는 머리 위에서 반짝이는 별들이 장관을 이룬다. 한국에서는 작게 보였던 북두칠성이 커다랗게 눈앞에 있는 것을보면 사막이 아니라 우주에 있는 것 같은 착각이 든다.

시와 오아시스 지역에서 다시 사막을 가로질러 나일강을 향해 달리다 보면 또 다른 사막지대가 나온다. 이 '바하리야' 사막은 고운모래보다는 석회암과 철분 성분이 풍부한 돌로 구성되어 있다. 하얀석회암과 검은 바위산으로 이루어져 있어 '백사막 & 흑사막'이라고 불리기도 한다. 백사막 지역에서는 관광객들이 베두인과 함께 텐트를 치고 야영을 한다. 해가 진 후 어둠 속에 보이는 별들이 주변의하얀 석회암과 어울려 빚어내는 모습과 보름달이 뜨면 대낮같이 환해지는 모습은 너무도 신비로워 마치 다른 세계에 와 있는 것 같다.

바하리야 사막에서 벗어나 사막지대를 달리다 보면 또 다른 오아

시스 지역인 '파이윰'이 나
온다. 카이로에서 130㎞
떨어진 이곳도 분지로 거
대한 호수가 있다. 파이윰
은 수도권에 농작물을 공
급해 주는 농업 지역으로,
오아시스 호수 주변에 비

+ 바하리야 사막

옥한 농토가 있다. 신기하게도 이 호수는 소금물인데도 주변에 농작
물이 재배된다. 또한 후기 파라오 시대 파라오들의 무덤이 있던 지
역이기도 하다. 그렇기에 피라미드를 볼 수 있는 유적지이다.

　이집트인들의 여름 휴양지인 파이윰 오와시스를 지나 사막을 달
려 수십 킬로미터를 가면 '고래 화석'이 발견된 지역이 나온다. 사
막 한가운데에서 어떻게 고래의 화석이 발견되었을까? 아주 먼 옛
날 이곳이 바다였을 것이라는 추측이 가능하다. 주변에는 작은 조개
껍질 화석도 흩어져 있다. 이는 일부 고고학자들이 모세가 이스라엘
백성을 데리고 가로질러 갔던 홍해가 이곳이라고 주장하는 근거가
되기도 한다. 게다가 근처에 고대부터 '모세의 샘'이라 불린 샘이 아
직도 존재한다.

04.
도굴범

이집트의 고대 유적지는 수없이 많다. 파라오 시대 이후 헬레니즘 시대와 비잔틴 시대가 이어졌고, 이슬람 시대가 도래한 7세기 중반까지 3,000여 년이 넘는 세월이 고스란히 유적으로 남아 있다. 시간이 흐르면서 유적은 흥망성쇠에 따라 사라졌다가 다시 나타나는 과정을 반복하였다. 아직도 전역에서 유물이 나오는 것을 보면 이집트 전체가 유적지라 해도 과언이 아니다.

지금도 언론에서는 도굴범을 체포했다는 뉴스가 나온다. 구매자가 있으니 도굴범이 존재하는 것이리라. 이집트 정부는 1980년 유네스코 도굴 유물 반환 협정에 동참했다. 이후 이집트 고고학부에서는 세계시장에서 경매되는 유물들에 촉각을 세우고 있다. 도굴된 유물일 경우 바로 소송을 제기하여 반환받고 있다. 불법적으로 반출된 유물들은 유네스코 협정에 따라 반환을 청구할 수 있기 때문이다. 합법적으로 유출된 것은 반환을 요청할 수 없지만 말이다.

영국의 대영 박물관, 프랑스의 루브르 박물관 등 세계적인 박물관에는 이집트관이 따로 설치되어 있다. 전시된 파라오 시대의 유물이 어마어마하다. 20세기 초만 해도 카이로 전통시장에서는 파라오 시대의 벽화 등 유물을 구매할 수 있었으며, 해외로도 반출이 가능했다고 한다. 얼마나 많은 유물이 유출되었을지 짐작하기도 어렵다.

+ 기원전 1350년경의 아멘호테프 3세의 화강암 두상 대영 박물관

이집트 신왕조 때의 번성지였던 남부의 룩소르 지역에 가면 도굴범 마을이 있다. 물론 지금은 그렇게 부르지는 않는다. 그렇지만 도굴로 생계를 유지하던 시절에 나온 이야기는 현지인들 사이에는 잘 알려져 있다. 요즘도 이 마을에 숨겨져 있던 도굴된 유물들이 언론에 공개되기도 한다. 닭장이나 마구간, 지하의 비밀창고 등에 유물들을 보관해 놓고 있다 발각되는 경우가 종종 발생하기 때문이다. 또한 집을 수리하기 위해 땅을 파다 보면 유물을 발견하기도 하는데, 이때 정부에 신고하지 않고 몰래 보관해 놓았다가 적발되는 경우도 있다.

앞서 언급했듯이 구매자가 있기에 도굴범도 사라지지 않는 것이다. 여전히 고대 파라오 유물들이 비밀리에 반출되고 있어, 관계기관에서는 밤낮으로 인터넷을 서칭하면서 전 세계의 경매사이트를 주시한다. 우리의 유물도 일제강점기에 일본 등으로 반출되어 그곳에 보관, 전시되고 있어 안타까울 뿐이다. 조속히 선조들의 유물을 반환받아 후손들에게 물려줘야 하는 것이 우리의 의무이다.

05.
이집트인들의 조상

이집트인은 대개 함족, 셈족이라 한다. 그래서인지 피부색이 다양하다. 하얀 피부색, 황색 피부색, 검은 피부색 등 지방마다 특색이 있다. 전략적 요충지에 위치해 외세의 침략과 지배를 많이 받아 인종의 혼합이 이루어져서다. 파라오 시대 때부터 영국, 프랑스 지배까지 살펴볼 때 여러 인종의 혼합은 어쩔 수 없는 현실이었다.

이집트 남부에 가면 검은 피부색의 누비인들을 볼 수 있고, 북부에서는 지중해 건너 유럽의 영향을 받아 하얀 피부색을 가진 사람들이 많이 목격된다. 중부지방과 카이로에는 우리와 같은 황색 피부를 가진 사람들이 많다.

그렇기에 이집트 국민들은 외국인에 대해 거부감보다는 친근감 있게 다가가는 유연성을 지니고 있다. 종교적인 분야를 제외한 외래문화에 대한 포용력 역시 다른 아랍 지역보다 크다.

EGYPT

06.
시나이반도

아프리카와 아시아를 잇는 황폐한 사막의 땅, 기원전 모세가 이스라엘 백성을 끌고 출애굽을 했던 땅, 기원후 초기 성가족이 피난했던 땅, 4차 중동 전쟁의 격전지, 이집트인들에게는 잊을 수 없는 역사를 간직한 곳, 바로 시나이반도다.

시나이반도에서 모세가 지나갔다고 추정되는 곳에는 모세의 샘(마라), 페이란 계곡, 호렙산(시나이산) 등이 성경에 나오는 구절 그대로 남아 있고, 성가족이 지나갔던 이동 경로의 흔적도 남아 있다. 2010년 '아랍의 봄'이 발생하기 전까지 한국의 기독교 신자들이 찾던 성지순례 코스로 유명하였다.

아랍의 봄 2010년 12월 18일 북아프리카 지중해 연안 국가 튀니지에서 시작된 아랍의 봄은 이집트, 예멘, 시리아 등 아랍 전역으로 퍼져 나갔다. 이 국가들에선 장기 집권으로 양극화 현상이 심화되었고, 청년 실업률 증가, 부정부패, 빈부 격차로 인해 상대적 박탈감을 느낀 서민들이 반정부 시위를 벌여 장기 집권해 온 독재자를 하야시킨 시민운동이다.

기독교 신자라면 누구나 가 보고 싶어 하는 호렙산은 모세가 십계명을 받으려 40일간 정상에서 머물렀던 곳이다. 계절에 상관없이 하나님을 믿는 모든 종교의 신자들이 찾아와 산 정상에서 그들의 종교 방식대로 예배를 드린다. 새벽 1시에 도보로 출발하는 사람, 낙타를 타고 산 중턱까지 올라가는 사람 등 오르는 방법은 다양하지만, 대개 정상까지는 3~4시간 정도가 소요된다. 마지막 가파른 계단을 오를 때면 저절로 자신의 신을 찾는 기도를 하게 된다.

산 정상에는 돌로 만들어진 작고 오래된 교회와 베두인이 운영하는 천막 매점이 있다. 전날 낮부터 천천히 올라온 배낭족 친구들이 바위 사이의 평평한 바닥에서 추위를 떨치기 위해 옹기종기 모여 잠을 청하는 모습을 볼 수도 있다. 저 멀리 홍해 쪽에서 떠오르는 해가 비추는 호렙산 주변의 바위산 모습은 장관이다. 해의 떠오름에 따라 바위산의 색깔이 변하는 것을 마주하면 조물주의 위대함에 저절로 고개를 숙이게 된다.

산 정상에서 내려오다 보면 수도원이 보인다. 성 카타리나 수도원으로, 구약성경의 사본인 '시나이 사본'이 발견된 곳이다. 수도원의 박물관에는 오래된 성경들이 전시되어 있는데, 아직도 수도원 창고에 쌓여 있는 고서들 중에 무엇이 존재하는지 정확히 모른다고 한다. 학술연구팀의 조사가 계속 진행되고 있으니 향후 몇 년 안에 또 다른 고서 발견 소식이 들려올 것이라 기대해 본다.

+ 성 카타리나 수도원

+ 시나이 사본 위키, 퍼블릭도메인

다른 듯 닮은 이집트 이야기

성 카타리나 수도원은 동방교회 소속이며, 수도사들은 그리스계이다. 이집트의 콥틱 기독교와는 다른 종파이다. 기원후 초기의 수도원 형태를 지금껏 유지하고 있어 고고학적으로도 중요한 수도원이다. 수도원 안에 이슬람 모스크가 있는 것도 이색적이다. 또한 모세가 호렙산 정상에 오르기 전에 처음 하나님을 체험했던 '불타는 떨기나무'를 연상시키는 떨기나무가 자라고 있어 순례자들과 관광객의 발길을 끈다.

07.
룩소르

EGYPT

셀 수 없이 많은 성이 있었다는 룩소르. 룩소르는 아랍어로 '성들'을 나타내는 복수 명사이다.

대개 파라오 시대는 고왕조, 중왕조, 신왕조의 3왕조로 구분한다. 고왕조는 왕들의 무덤이 돌로 된 거대한 피라미드로 들어간 피라미드 시대이고, 신왕조 시대에는 왕들의 무덤이 바위산으로 들어갔다. 파라오들은 왜 자신의 무덤을 피라미드 혹은 바위산 속에 만들었을까? 당시 이집트 사람들은 부활을 믿었는데, 죽은 다음 현세에 자신의 육체가 남아 있지 않으면 부활하지 못한다고 여겼기 때문이다. 그렇기에 돌이나 바위로 만든 무덤은 미라로 만들어진 육체를 보존하는 데에는 최적의 장소였다. 파라오들이 묻혀 있는 '왕가의 계곡'에 가 보면 당시 왕들이 자신의 무덤을 얼마나 아름답게 만들었으며, 어떻게 육체를 철통같이 보존하였는지 알 수 있다.

또한 지금까지 남아 있는 조상과 신을 모시는 신전과 130여 개의 열주식 기둥을 보면 당시 파라오의 위상을 짐작하고도 남는다. 수십 미터에 달하는 정교한 조각상, 신전 벽화에 그려져 있는 파라오의 업적과 당시의 생활상, 그리고 신들을 모시는 장면은 절대 권력을 직관적으로 보여 준다.

당시의 석공 등 건축 기술자들의 능력이 어느 정도였으며, 천문학, 기하학, 수학, 회화 등의 기술력은 얼마나 뛰어났기에 이런 거대한 건축물이 세워졌는지 궁금하다. 바위산 깊숙이 파고 들어간 왕가의 계곡에 있는 무덤들. 무덤방까지 길게는 100m 이상의 통로를 내기 위해 바위산을 뚫은 기술력과 그 통로 아래에 또 다른 왕의 무덤으로 가는 거미줄처럼 얽힌 지하 통로를 만들어 낸 기술력에 감탄만 나올 뿐이다.

왕의 무덤이 있는 바위산 반대편을 깊숙이 파내어 만든 신전이 있다. 여성 파라오였던 '하트셉수트' 때 만들어진 신전으로, 직사각형 모양의 신전이 완벽한 좌우 대칭을 이뤄 건축학 측면에서 가치를 인정받고 있다. 이 하트셉수트 신전 앞에서는 연례행사로 베르디의 오페라 〈아이다〉가 공연되어 유럽의 왕, 귀족, 관광객들이 관람하러 온다.

이 밖에도 룩소르 지역의 유명한 신전으로 룩소르 신전, 카르나크 신전 등이 있다. 룩소르 신전의 입구에는 람세스 2세의 석상들과

＋하트셉수트 신전

+ 룩소르 신전의 오벨리스크

+ 콩코르드 광장의 오벨리스크 위키, CC BY-SA 2.5

다른 듯 닮은 이집트 이야기

+ 카르나크 신전의 람세스 2세 석상

두 개의 '오벨리스크'(=태양 숭배의 상징으로 세웠던 기념비)가 서 있었다
고 한다. 그런데 현재는 한 개만 남아 있고 다른 하나는 파리의 콩코
르드 광장에 있다. 19세기 중반 이집트 지도자가 프랑스 왕에게 오
벨리스크를 선물로 주었기 때문이다. 이때 프랑스로부터 답례로 받
은 커다란 시계는 카이로에서 가장 높은 곳인 살라딘 성채 안의 모
스크 광장에 설치했다. 그러나 시계는 오래전에 고장이 나 작동하지
는 않는다고 한다.

08.
아스완

EGYPT

이집트 남부의 도시 아스완은 '하이 댐'과 '아스완 댐'으로 유명하다. 하이 댐은 1971년 아스완 댐 상류 7㎞ 지점에 건설되었다. 이로 인해 하이 댐의 저수지인 '나세르 호수'가 인위적으로 조성되었다.

하이 댐을 건설한 목적은 여름철에 발생하는 나일강의 범람을 막고 관개 및 농경 시설의 확충과 전력 발전을 위해서다. 사실 여름철 나일강이 범람하면 상류의 비옥한 토양이 이집트 전역, 특히 하류 쪽 델타 지역에 쌓이게 돼 농업에는 유익하다. 그러나 하이 댐을 설치하여 처음으로 나일강 홍수를 통제할 수 있게 되었다.

하이 댐의 건설로 지금은 수몰된 지역에는 고대 파라오 시대의 유명한 왕 람세스 2세의 '아부심벨 신전'이 있었다. 댐 건설로 인해 수몰 위기에 놓이자, 유네스코가 나서서 원위치보다 70m 높은 언덕에 원형 그대로 신전을 옮겨 놓았다.

1년에 두 번 햇빛이 신전 내부 끝까지 들어오도록 설계되어 있어

+ 아부심벨 신전 위키, 퍼블릭도메인

가장 깊은 곳에 있는 람세스 2세와 아몬 신 등의 조각상 얼굴에 햇빛이 비치는 장면은 신기할 따름이다. 지금으로부터 4,000년 전에 어떻게 이런 설계를 할 수 있었을까? 동녘의 햇빛이 어두운 신전 안으로 들어와 신상의 얼굴에 비치는 것을 바라보며 그 옛날 파라오들은 무슨 생각을 했을까?

하이 댐, 아스완 댐으로 인해 아스완은 나일강의 물결이 완만히 흘러 내려가는 풍경을 갖게 되었다. 나일강 좌우로 한쪽은 도시, 다른 쪽은 황금빛 사막이 있는 아스완은 유럽인이 선호하는 관광지이

+ 아스완을 관통하는 나일강

다. 미테랑 전 프랑스 대통령은 재임 동안 아스완으로 휴가를 왔고, 마지막 눈을 감기 전에도 아스완에서 병상 휴가를 보냈다고 한다.

석양이 질 때 아스완 시내를 관통하는 나일강에서 펠루카(=돛단배)에 몸을 싣고, 아스완 토박이인 누비인이 들려주는 지방 민요를 듣고 있노라면 황홀한 기분이 든다. 도시에서 나오는 문명의 빛과 달빛, 별빛이 모래에 반사되어 나오는 자연의 빛이 강 한가운데로 모이는 모습은 낙원에 있는 것 같은 착각으로 인도한다.

09.
피라미드

이집트 전역에서 발굴된 피라미드는 80여 개가 넘는다. 4,500여 년 전 천문학, 수학, 기하학 등을 동원하여 돌로 만든 피라미드. 현존하는 단일 건축물 중에서 가장 크고 무거운 최고의 걸작은 기자 지역에 있는 피라미드이다.

기자 피라미드는 3대에 걸쳐 만들어졌다. 파라오 재임 기간에 건설하기 시작하여, 선대 왕이 죽으면 후대 왕이 이어받아 건축하였다. 그렇게 완성된 피라미드 중 관심이 집중되는 것은 할아버지인 '쿠푸왕' 피라미드이다. 높이 147m, 각 밑변의 길이 230m, 평균 2.5톤짜리 석회암과 화강암 블록 230만 개로 25여 년에 걸쳐 지어졌다. 기자 피라미드가 완공되기까지는 50여 년이 걸렸다고 하는데, 그동안 얼마나 많은 사람이 동원되어 고통을 당하고 죽기까지 했을까? 당시에 무슨 장비가 있었으며, 과학과 기술이 얼마나 뛰어났길래 이처럼 거대한 건축물을 지을 수 있었을까? 그렇기에 외계인이 건축한 것이라는 주장도 있다.

+ 쿠푸왕 피라미드 위키, CC BY-SA 3.0

　파라오의 시체를 보존하기 위해 만든 피라미드에 사용된 돌과 석회암 등은 멀게는 약 1,000㎞ 떨어져 있는 아스완 채석장에서, 가까이는 카이로 근교의 무깟담 언덕 바위산에서 가져왔다고 한다. 아스완에서 화강암 등을 운반할 때는 나일강이 범람하는 시기에 배를 이용하였고, 무깟담 언덕에서 운반할 때는 지렛대와 가축, 사람의 힘을 이용했다고 한다. 얼마나 많은 시간과 노력, 힘이 소요되었겠는가?

　1900년대 초반만 해도 쿠푸왕 피라미드 정상까지 등반하는 대회가 개최되었다고 한다. 그런데 대회 기간 중 사상자가 발생하고 피라미드가 손상되어 이제는 열리지 않는다고 한다. 요즘도 간혹 자신의 SNS에 올리려고 감시를 피해 정상까지 올라가는 사람들이 있다. 올라가다 추락사하는 경우가 발생하는데도 말이다.

필자가 처음 카이로에 갔던 1980년대 중반, 카이로에 입성한 신고식으로 지인과 함께 쿠푸왕 피라미드를 10m 정도 올라간 적이 있다. 이후 가끔 피라미드에 걸터앉아 밤하늘의 달과 별, 카이로 시내를 바라보았다. 고국이 있는 방향의 하늘을 쳐다보며 향수에 젖은 적도 있었다. 당시에는 야간 개장이 허용되어 이집트 젊은이의 데이트 코스로도 주목받았다.

기자 피라미드 지역은 나일강 수면으로부터 약 50m 높이에 있다. 바위산 위에 거대한 인공 돌산이 조성된 것이다. 그렇기에 수천 년의 세월 동안 지진과 홍수가 반복되었어도 무너지지 않고 꿋꿋이 서 있을 수 있었다.

3개의 피라미드 지역과 나일강 수로가 만나는 지점으로 가면, 이 지역의 석회암반을 이용하여 만든 길이 60여m, 높이 20m의 스핑크스가 있다. 피라미드의 수호신인 스핑크스는 3개의 피라미드 중 가운데 아버지 피라미드의 주인인 '카프레왕'이 세웠다고 한다. 그

래서 스핑크스의 얼굴이 왕의 얼굴을 본떠 만든 것이라는 주장이 있다. 몸은 사자의 몸을 가지고 있다. 석양이 질 때 스핑크스와 피라미드에 빛의 그림자가 드리워지는 것을 보고 있노라면 숨이 막힐 정도다.

10.
알렉산드리아

기원전 332년 알렉산드로스 대왕이 현재의 알렉산드리아에 첫발을 내디뎠다. 당시 알렉산드리아는 지중해의 부유한 항구 도시로 매우 아름다웠다. 알렉산드로스 대왕이 이렇게 아름다운 해변을 가지고 있는 파라오의 땅은 정복은 하되 파괴하지는 말라고 했다는 전설이 전해진다.

알렉산드리아를 거점으로 동방 원정길에 나선 알렉산드로스 대왕은 세계 제국을 건설하였지만, 젊은 나이에 세상을 등지고 만다. 그래서인지 오늘날까지도 알렉산드로스 대왕의 무덤이 어디 있는지 알려지지 않았다. 알렉산드리아 시내 중심 주택가의 한 모스크 땅 밑에 그의 무덤이 있다고 주장하는 학자들도 있지만, 현재까지 풀리지 않는 수수께끼다. 과연 그의 무덤은 어디에 있을까? 스스로 파라오가 되었기에 다른 파라오 왕들처럼 미라 형태로 만들어진 것일까? 그런 다음 아무도 발견하지 못하도록 지하 무덤에 놓았을까? 언제든 그의 무덤이 발견됐다는 반가운 소식이 들려오기를 바랄 뿐이다.

+ 아름다운 항구 도시 알렉산드리아

+ 알렉산드리아의 파로스 등대 위키, 퍼블릭도메인

알렉산드리아에는 둥근 타원형 해변이 수십 킬로미터에 걸쳐 펼쳐져 있다. 프톨레마이오스 왕조 초기인 기원전 3세기에는 100m 높이를 자랑하는 파로스 등대가 알렉산드리아 항구 입구에 세워졌다. 당시 이 도시가 지중해변에서 얼마나 큰 도시였는지는 등대의 규모를 보면 알 수 있다.

그런데 기원후 956년과 1323년에 발생한 대지진으로 등대가 무너졌고, 1480년 이후 등대 자리에 카이트베이 요새가 지어지면서 파로스 등대는 역사 속으로 사라져 버렸다. 1994년 프랑스 고고학자들이 카이트베이 요새 주변의 바닷속에서 파로스 등대의 잔해를 발견하였다. 이집트 정부는 2016년 유적이 발견된 바다에 해저 수중 박물관을 만들겠다는 계획을 발표했다.

알렉산드로스 대왕 이후 세워진 프톨레마이오스 왕조는 파로스 등대뿐만 아니라 지하 무덤인 카타콤과 알렉산드리아 도서관을 세웠다. 이를 기반으로 동서양의 문화가 교류, 발전한 찬란한 헬레니즘 문명을 꽃피웠다. 알렉산드리아에서는 〈70인역 성경〉 등이 집필되었고, 이후 한 세기의 획을 그은 비잔틴 문명의 중심지가 되었다. 또한 이 도시를 통하여 마가가 우상숭배를 믿고 있던 파라오의 후손들에게 유일신 사상을 전해 주었다.

11.
사막과 바닷속 여행

사막의 밤하늘은 금방이라도 별들이 쏟아져 내릴 것 같이 몽환적이다. 어린 시절 뒷마당에서 보던 작고 흐릿했던 북두칠성이 커다랗고 또렷하게 눈 안에 들어온다. 손을 뻗으면 잡힐 듯 가까이 있다. 어떻게 이런 별들을 볼 수 있을까? 베두인의 삶을 체험하는 사막 투어에서는 가능하다.

사막에서 잠을 자는 것은 정말 색다른 경험이다. 한낮의 사막은 온도가 높고 매우 건조하지만, 밤에는 기온이 뚝 떨어진다. 별들로 가득 찬 하늘을 쳐다보며 담요와 이불에 의지해 잠을 청해야 할 정도로.

아침에 일어나니 잠자리 주변에 동물 발자국이 선명히 남아 있다. 동행한 베두인 안내인이 여우 발자국이라 했다. 여우가 나를 쳐다보다 갔겠다는 생각을 하니 오싹하였다. 그 순간 여우와 눈을 마주쳤다면 어떠했을까? 멀리 사막의 지평선에서 떠오른 태양의 붉은빛에 모래알이 반짝거린다. 조물주의 위대함에 엄숙해진다.

바닷속 여행 또한 색다른 경험이다. 바다에 뛰어들어 돌고래와 거북, 총천연색으로 치장한 물고기와 수영할 때면 미지의 세계를 탐험하는 경이로움에 빠진다. 스쿠버 다이빙 장비를 착용하고 2인 1조로 잠수를 한다. 바닷속 햇빛이 잘 비치는 곳에서는 마음이 안정되지만, 햇빛이 미치지 않는 곳에서는 컴컴한 밤의 세계로 빨려 들어가는 것 같아 두려움이 몰려온다.

바다 깊이 내려갈수록 어두움은 더해진다. 이때 고개를 들어 위를 쳐다보면 바닷속을 비추는 햇살이 보인다. 그 사이로 아름다운 물고기들이 유유히 지나간다. 옆 사람과의 수신호 외에는 모든 움직임이 멈춘 것 같은 바다에서 오리발을 천천히 움직여 본다.

가끔은 두려움을 떨치려고 고개를 세워 햇살만을 쳐다보면서 간다. 그러다 어디서 나왔는지 모를 가오리와 눈이 마주친다. 외계인이 된 기분이다. 돌고래 무리도 재빠르게 지나간다. 순간 다가와 공격할 것 같아 머리가 쭈뼛 섰지만, 물고기들은 주변을 돌다가 그냥 갈 길을 갔다. 생활 터전이 아닌 바다에서 인간의 존재는 보잘것없다는 것을 느꼈다. 만물은 각자의 영역에서 각자의 역할을 하며 살아간다는 것을 가르쳐 준 자연에 경외심이 솟아난다.

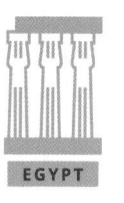

12.
삼각주 델타

예부터 이집트는 외세의 침략을 받으며 살아왔다. 지정학적으로는 유럽과 아시아의 길목인 데다가, 곡창지대인 삼각주 델타가 있기 때문이다.

아프리카 내륙의 '빅토리아 호수' 및 에티오피아의 산악 지대로

+ 나일강 삼각주의 위성 사진 위키, 퍼블릭도메인

다른 듯 닮은 이집트 이야기

부터 약 6,500㎞를 흘러 이집트를 거쳐 지중해에 도착하는 나일강. 강의 마지막 부분이 카이로 시내에서 30㎞ 정도 떨어진 곳부터 시작하는 델타 지역이다. 아스완 댐과 하이 댐이 건설되기 전까지는 매년 강이 범람할 때마다 내륙의 퇴적물이 델타 지역에 쌓였다. 농사에 도움이 되는 퇴비를 쌓아 놓고는 물만 지중해로 흘러 나가는 시스템이다.

델타 지역에서 나오는 바나나, 오렌지, 목화, 쌀 등은 이모작 이상을 할 수 있다. 게다가 민물고기인 '볼트'의 양식까지 가능해 옛날부터 외세의 침략을 많이 받을 수밖에 없었다. 이 지역에서 나오는 농산물로 약 1억의 이집트 사람들에게 먹거리가 제공된다니 델타는 명실상부한 이집트 최고의 곡창지대라 해도 과언이 아니다.

13.
울라마와 파트와

이슬람 초기부터 '울라마'(=학자)들은 존경을 받았다. 이슬람 초기에 만들어진 《꾸란》과 《하디스》를 적용해 사건을 처리하는 이슬람 법원에서 판결하기 힘든 복잡한 문제가 생기면, 울라마의 견해인 파트와로 문제를 해결한다. 울라마의 말이 곧 정의인 것이다.

지금도 이집트 사람들은 동네 혹은 집안에 문제가 생기면 먼저 자신의 동네에서 가장 학식이 풍부한 울라마를 찾아간다. 제도권의 법정으로 가기 전에 문제에 대해 의논하기 위해서다. 대부분은 울라마가 권유하는 해결안에 따라 문제를 해결하고, 안 될 경우에만 법에 의지한다.

국가적인 일에서도 울라마의 권위가 작용한다. 현대의 법으로 해결되지 않을 경우, 혹은 사회적으로 이슈가 되는 문제들은 울라마 그룹의 파트와를 참조하여 해결한다.

14. 아랍,
파라오 및 메소포타미아

이슬람이 출현한 아랍 지역은 아라비아반도를 가리킨다. 아라비아반도 북쪽 지역은 '유프라테스강'과 '티그리스강'을 끼고 있는 메소포타미아 문명이 번영하였던 이라크 땅이고, 서쪽은 나일강을 중심으로 한 파라오 문명이 번창한 이집트 땅이다. 또한, 동쪽 지역은 찬란한 페르시아 문명이 발달했던 현재의 이란 땅이다. 이 거대한 세 개의 문명과 이후의 비잔틴 문명까지가 오늘날 아랍인들의 문명, 이슬람 문명의 근간이다.

5,000년 역사를 가지고 있는 우리나라가 단군 할아버지를 찾을 때, 이집트와 이라크에서는 '파라오 문명'과 '메소포타미아 문명'이 꽃피고 있었다. 아랍 지역만큼 세계사적으로 소중한 문명들을 끼고 탄생한 지역이 또 어디 있겠는가?

이집트
문화 이야기

EGYPT

01.
콥틱 기도교인

이집트 전통시장에 가면 검은색의 '아바야'(=여성이 입는 드레스의 일종, 전통의상)를 입고 야채 등을 판매하는 나이 지긋한 여성들을 만날 수 있다. 가까이 다가가 물건값을 흥정하다 보면 노년의 주름살에서 지나간 세월을 느낄 수 있다. 그런데 주름살 사이로 검은색 잉크 자국이 보인다. 자세히 보니 십자가 문양이 주름진 얼굴을 움직일 때마다 나타났다 사라진다. 손목에도 같은 십자가 문양이 있다. 콥틱 기독교인이다.

콥틱인들은 딸이 태어나면 얼굴이나 손목에 십자가 문신을 새기는 통과의례를 치른다. 콥틱 기독교인이라는 정체성을 심어 주는 것이다. 또한 콥틱 기독교를 믿는 여성은 다른 종교를 믿는 남성과는 결혼할 수 없다. 간혹 젊은 콥틱 여성이 무슬림 젊은이와 결혼하기를 원하는 경우가 있는데, 이때는 집안의 절대적이고 강력한 반대에 부딪친다.

실제로 콥틱 여성이 집안의 반대 때문에 무슬림 남성과 결혼식을 하지 않은 채 살다가 오빠에게 발각된 경우가 있었다. 오빠는 여동생을 명예 살해했다. 이집트는 문명이 발달한 국가인데도 불구하고 여전히 명예 살인이 일어난다. 그들의 종족 보존 및 부족 중심 사상, 종교적인 순혈 사상을 엿볼 수 있는 대목이다.

02.
아바야를 입은 남성

이집트 거리에는 구걸하는 어린이들이 있다. 아이들은 휴대용 티슈를 팔기 위한 호객 행위를 하지만, 대부분의 사람들은 그냥 동전을 건네준다. 자동차로 꽉 찬 도로 위에 잠시라도 차가 멈추면, 어디선가 어김없이 어린이들이 나타난다. 아이들은 도로 한복판에서 가다 서기를 반복하는 자동차 사이를 위험천만하게 왔다 갔다 한다. 어린이들의 부모는 어디에 있을까? 대개 그들은 가까운 거리에서 자신의 아이가 하는 호객 행위를 지켜보고 있다고 한다.

어린이들뿐만 아니라 아바야를 걸친 몸집이 큰 여성도 티슈 등을 팔면서 자동차 사이를 돌아다닐 때가 있다. 그녀를 유심히 살펴보면, 여성치고는 손이 크고 투박하며 샌들을 신은 발도 남성의 발처럼 보인다. 이렇게 장사를 하는 여성들은 말이 거의 없고 얼굴도 가렸기 때문에 도무지 성별을 알 수가 없다.

아랍의 대학들은 남학생과 여학생 기숙사가 따로 설치되어 있다. 물론 학교 앞에서 자취하는 학생들도 있다. 대개는 3개 정도의 방과

+ 아바야를 걸친 여성

부엌, 화장실이 있는 작은 아파트를 공동으로 빌려 함께 사용한다.

　여학생 기숙사의 정문에는 경호원이 있어 출입을 통제한다. 호기심 많은 남학생이 히잡과 아바야를 걸치고 여학생 기숙사에 들어가려고 시도하다가 경호원에게 잡히는 경우가 있다고 한다. 그래서 나라에서는 여학생들에게 얼굴이 보이는 히잡을 사용할 것을 권장하였으나, 보수층의 반대로 철회되었다. 개인의 종교적 신념과 사생활을 지나치게 침해한다는 이유에서다.

이집트뿐만 아니라 아랍 국가에서는 남성들이 여성 의상을 입고 범죄를 일으키기도 한다. 손쉽게 여성으로 가장한 뒤 테러를 일으킬 위험성이 크기 때문에 각별한 주의가 필요하다. 실제로 이스라엘 – 팔레스타인 분쟁 때, 여성이든 남성이든 히잡, 아바야 속에 폭탄을 숨기고 자살 테러를 벌인 일이 있었다. 그렇기에 대중이 많이 움직이고, 출입이 잦은 곳에는 여성 경찰들을 배치하여 검사를 강화하고 있다.

03.
곱슬머리와 미용실

EGYPT

이집트 여성들은 곱슬머리가 많다. 그래서 이집트의 젊은 여성들은 미용실에 가서 곱슬머리를 편다고 한다. 게다가 요즘 여성들은 머리를 펴고 염색하는 것을 넘어서 화장을 하고 싶어 한다. 아직은 사회 분위기가 보수적이지만, 외래문화를 쉽고 다양하게 접할 기회가 많은 젊은 세대들의 욕구는 늘어나고 있다.

부유층 여성이나 연예인들은 특히 더 미용에 신경을 많이 써서 머리 손질에 많은 시간을 투자한다. 미용실에서 머리를 펴거나 염색하는 비용이 비싸서 서민들은 자주 가지 못한다고 한다. 그렇기에 머리 모양을 보면 그 사람의 생활 수준을 알 수 있다.

아랍의 미용사는 전부 여성일 것 같지만, 남성 미용사도 있다. 아랍 사회의 보수적 성향으로 봐서는 미용사가 금남의 직종일 것 같은데, 아랍 사회도 세계 추세에 맞추어 나아가는 모습을 보이기도 한다.

04.
늘어나는 멀티쇼핑몰

1980년대만 해도 쇼핑센터는 정부가 운영하는 쇼핑몰이 전부였다. 2000년대에 들어서면서 아랍 산유국의 투자자들이 이집트에 쇼핑몰을 짓기 시작하였다. 드디어 이집트에도 두바이와 같은 규모의 멀티쇼핑몰이 생긴 것이다. 대형 멀티쇼핑몰은 대개 카이로, 알렉산드리아 등의 대도시에 있다. 또한 새로 생기는 도시에 세워져 이집트인들의 소비를 유도한다.

이집트인 중에는 아라비아반도의 산유국에 가서 일을 하고 온 사람들이 많다. 그곳의 화려하고 번화한 소비문화에 익숙해져서인지 국민소득은 낮지만, 소비 심리만큼은 높은 편이다. 대형 쇼핑몰의 숫자가 늘어나는 것을 보면 말이다.

멀티쇼핑몰은 외부 기온과 관계없이 일정하고 적정한 실내 온도가 유지되어 쾌적하다. 그렇기에 가족 단위의 방문객이 많은 편이다. 이집트의 쇼핑몰에서는 온 가족이 함께 식사하거나 쇼핑, 레저를 즐기는 모습을 쉽게 볼 수 있다. 쇼핑몰의 한가운데에는 스케이

트장이, 한쪽의 독립된 건물에는 스키장이 있는 쇼핑몰도 있다. 슬로프의 길이가 짧긴 하지만, 한여름에도 스키를 즐길 수 있어 더위를 식히기에는 손색이 없다.

+ 카이로 시티스타 쇼핑몰

05. 관광지의 입장료와 호객 행위

우리나라에서는 고궁이나 관광지의 입장료가 내외국인 모두에게 동일하다. 유럽에서는 내국인과 외국인의 입장료가 다르다. 이집트도 유럽과 마찬가지다. 입장료는 우리 물가에 비하면 싼 편이지만, 현지의 물가 대비 비싸다. 그래서 내외국인을 구분하여 받는 것이다. 외국인의 입장료는 자국민 입장료의 수십 배에 달한다.

비싼 입장료를 지불하고 들어간 관광지에서 우리를 기다리는 것은 외국인을 대상으로 하는 호객 행위다. 호객 행위는 제법 끈질기게 이루어지기 때문에 처음에 단호히 거절하지 않으면 안 된다. 타깃이 되면 그들의 끈질김에 승복하여 파피루스 등의 토속품을 사게 되니 말이다. 이렇듯 관광을 하면서 그 나라 국민들과 접해 보는 것도 관광지의 매력이 아닐까 한다. 이집트 관광지에서 아랍인의 호객 행위로 손해를 좀 봐도 추억이 될 수 있으니…. 아무튼 아랍 상인과 물건값을 두고 흥정하는 것은 재미있어서, 마냥 기분이 나쁘기보다는 사람 사는 정을 물씬 느끼는 경험을 하게 된다.

상인들은 물건값을 깎아 줄 것을 고려하여 가격을 높게 부른다. 그렇기에 물건을 살 경우에는 인내와 협상력이 필요하다. 물건을 꼭 사겠다고 끈질기게 협상하여 처음 제시한 가격에서 반 이상으로 내려간 가격으로 흥정을 마쳤을 때는 묘한 쾌감마저 느껴진다. 그러나 그것도 잠시뿐이다. 다른 상점에 가면 똑같은 물건을 흥정한 가격보다도 훨씬 싸게 살 수 있는 경우가 다반사이기 때문이다. 이런 황당할 때가…. 그러나 이 또한 관광지의 매력인 것을 어쩌겠는가.

그렇기에 한번 흥정하여 샀으면 기분 좋게 끝내야 한다. 절대 다른 상점에서 가서 비교하지 말아야 한다. 반드시 후회하게 되니까. 그나마 위안이 되는 건 그리 큰 금액으로 손해를 보지는 않는다는 것이다.

06.
열광하는 축구

EGYPT

이집트 친구들과 친해지면 항상 물어보는 질문이 있다.
"좋아하는 축구 클럽이 '알 아흘리'냐? '자말렉'이냐?"

이집트 국가대표 축구팀의 80% 이상은 알 아흘리와 자말렉 소
속의 선수들로 채워진다. 알 아흘리 클럽은 1907년에, 자말렉 클럽
은 1911년에 창설되었다. 영국 프리미어리그 리버풀의 세계적인 공

+ 카이로 국제 스타디움 위키, CC BY-SA 3.0

격수 '살라'도 이집트 클럽의 선수였다. 이집트 사람들은 신분, 부와 관계없이 카이로를 연고로 하는 두 팀의 경기가 있는 날에는 카페, 클럽 등에 모여 자신이 지지하는 팀을 응원한다.

이집트인들의 축구 사랑은 대단하다. 자국의 클럽 경기는 물론 국가대표 대항전, 영국의 리그까지 TV로 중계되는 모든 경기를 시청한다. 프리미어리그 경기를 좋아하는 이집트인들 중에는 맨체스터 유나이티드의 팬들이 많다. 그들은 박지성 선수를 잘 알고 있다. 박지성 선수가 전성기일 때는 "박지성!" 하면서 엄지손가락을 치켜세우는 경우도 많았다. 같은 한국 사람이라고 아는 척을 해 준 것이다. 현재는 토트넘의 손흥민에 대해 같은 반응을 보인다.

현재 이집트 국내 경기는 직접 관람은 할 수 없고, 오직 TV로만 시청할 수 있다. 2010년 아랍의 봄 이후, 치안 불안을 이유로 이집트 전역에 군중이 모이는 행사가 금지된 데다가, 2012년 발생한 축구 경기 후의 유혈 사태 때

2012년 발생한 축구 경기 후의 유혈 사태 포트사이드 경기장 폭력 사태는 2012년 2월 1일 이집트 포트사이드에 위치한 포트사이드 경기장에서 일어난 폭력이 유혈 사태로 진화되어 총 74명이 사망한 사건이다. 알 마스리가 알 아흘리에 3-1 승리를 거두자 흥분한 축구 팬들이 그라운드 안으로 난입해 충돌했고 축구 선수들도 급하게 도망갔다. 수천 명의 사상자가 발생했으며 경기장에 있던 경찰이 이를 진압하지 않자 반군부 시위로까지 발전했고 47명이 연행되었다. 한편, 이집트 정부는 포트사이드 주지사와 경찰청장이 낸 사표를 수리하였다. (위키백과)

문이다. 2012년 수에즈 운하의 지중해 쪽 입구인 '포트사이드'의 스타디움에서 그 지역 연고의 '알 마스리'와 카이로 연고의 알 아흘리 간의 경기가 열렸다. 그런데 경기 직후 두 팀의 팬들 사이에 참사가 발생했다. 알 마스리가 알 아흘리를 3 대 1로 이긴 것이 화근이었다. 관중들 사이에 난투극이 벌어져 74명이 사망하고 1,000여 명이 상처를 입었다.

그래도 이집트 사람들의 축구 사랑은 식을 줄 모른다. 여전히 낯선 이들을 만날 때면, "당신은 알 아흘리 클럽이냐? 아니면 자말렉 클럽이냐?"를 시작으로 대화를 이끌어 나간다. 혹시 이집트인을 만날 기회가 생긴다면 먼저 질문해 보는 것은 어떨까?

"당신은 알 아흘리냐, 자말렉이냐?"

07.
지하철에서는 금연

1980년대 중반 이집트에서는 전철 안에서만 금연이었고, 전철을 기다리는 플랫폼에서는 흡연이 가능하였다. 그런데 당시 지하철 안전 점검에 나섰던 대통령이 철로에 어지럽게 떨어진 담배꽁초를 보고는 충격을 받았다고 한다. 그 후 플랫폼에서의 금연이 법으로 정해졌고, 범칙금은 전철 요금의 10배인 10파운드였다.

이집트 국민 중에는 흡연자가 많아 카이로 거리에서는 담배를 피우면서 걷는 사람들이 자주 보인다. 그러나 지하철 입구로 들어서면 흡연하는 사람을 목격할 수가 없다. 현재 카이로에 있는 3개의 전철 노선은 다른 교통수단에 비하여 편리하고 깨끗하다.

08.
맥주와 포도주

'사카라', '룩소르'는 이집트에서 생산하는 맥주다. 이집트는 이슬람 국가인데도 맥주와 포도주를 생산한다. 무슬림에게 음주는 '하람'(=이슬람 율법상 금지되는 것을 의미함)인데, 정작 이집트 정부는 술을 생산하고 국내외에 판매한다. 또한 요르단 등 일부 아랍 국가에서는 세계적인 맥주회사와 손잡고 맥주를 생산하여 관광객을 대상으로 판매하고 있다.

이슬람 국가에서 맥주를 생산하다 보니, 1980~90년대에는 맥주에서 담배꽁초 등의 불순물이 나오기도 했고, 맥주 맛도 일정치 않았다고 한다. 현재는 하이네켄과 제휴로 맥주를 생산하고 있어, 맥주의 질이 일정하고 맛도 유럽 생산 맥주에 뒤지지 않는다.

이집트에서는 포도 농사가 잘된다. 그래서 오래전부터 포도주가 생산되었고, 수출도 하고 있다. 한때 우리나라에도 이집트 맥주와 포도주가 유통되었지만, 워낙 다양한 전 세계의 맥주와 포도주가 수입되는 한국에서는 판매량이 저조하였다.

+ 이집트 맥주 룩소르와 사카라 위키, CC BY 2.0

　　이집트 인구 중 약 10%는 콥틱 기독교인과 소수 종교를 믿는 사람들로, 이들은 술을 마실 수 있다. 허가를 받은 장소에서 술을 살 수 있고, 최고급 호텔이나 레스토랑에서는 반주용 술을 마실 수 있다.

　　직접 가게에서 술을 살 때는 검은 봉지에 담긴 술을 건네받는다. 이집트 거리에서 술을 들고 다니다가 일어날지도 모를 불상사에 대비하기 위해서다. 그렇기에 술은 대부분 배달 서비스를 이용해 구매한다.

EGYPT

09.
쿠슈크

카이로 시내에는 거리와 인도를 점령하고 있는 노점들이 있는데 이를 '쿠슈크'라 부른다. 쿠슈크는 담배나 신문, 간단한 음료수, 과자 등을 파는 곳이다. 이집트 사람들은 담배가 떨어졌을 때, 물이나 음료수가 마시고 싶을 때 길을 가다 손쉽게 들를 수 있는 쿠슈크를 애용한다. 심지어 담배나 과자 등을 낱개로도 판매한다.

+ 노점상(쿠슈크)

다른 듯 닮은 이집트 이야기

카이로 주 정부에 따르면 2019년 기준 약 754개의 거리에 5천여 개의 쿠슈크가 있다고 한다. 쿠슈크는 직사각형 모양의 나무 상자에 철문을 단 형태로, 아랍의 봄 이후 치안 불안으로 쿠슈크에도 감시카메라를 설치할 것을 권장하고 있다. 물가가 올라 살기가 어려워지자 도둑들이 길거리의 조그만 노점상까지도 노린다고 한다. 쿠슈크마다 감시카메라를 설치하면 테러 대처나 도둑 검거 등의 치안에는 도움을 줄 것이다. 그렇지만 이로 인한 사생활 침해도 간과해서는 안 된다.

10.
이집트인들의 여름

    아랍에서도 7월, 8월은 여름 휴가철이다. 모든 학교는 6월에 3개월 정도의 긴 여름방학에 들어간다. 반면 겨울방학은 2주 정도로 짧다. 여름철 한낮 기온이 40도를 넘길 때가 다반사여서 수업하기가 쉽지 않기 때문이다. 대신 겨울철에 학업에 전념한다.

    북아프리카 아랍 국가들의 여름 모습은 유럽이나 우리나라와 별반 차이가 없다. 가족 단위로 해변 도시에 숙소를 정하여 기거하며 휴가를 보낸다.

    다른 것은 수영복이다. 남성은 우리와 같으나, 아랍 여성의 수영복은 다르다. 종교적 이유로 노출할 수 없어서 옷을 입고 히잡도 쓴 채로 바다에 들어간다. 호텔 수영장에서도 마찬가지다. 여성들 중 비키니를 착용한 여성은 외국인이라고 보면 된다. 대다수 여성은 수영장에서도 전신을 가리는 수영복이나 옷을 입고 물놀이를 즐긴다. 무슬림 여성들이 입는 머리부터 발목까지 가리는 형태의 '부르키니'라는 수영복도 있어서, 일부 호텔에서는 평상복 차림인 여성의

+ 부르키니 위키, CC BY-SA 3.0

수영을 금지하기도 한다.

　20세기 초 왕정 시대 때의 영화를 보면 이집트 여성들이 비키니를 입고 수영과 선탠을 즐기는 장면이 나온다. 당시 사회 분위기는 종교적인 보수 성향보다는 유럽의 영향을 받아 개방적이었기 때문이다. 그러다 1950년대에 '나세르'가 왕정을 무너뜨리고 사회주의 노선을 추구하면서 사회가 전반적으로 보수화되었다. 이때 이슬람 종교지도자 등의 협력과 지지를 얻기 위해 선택한 보수화의 기류가 현재까지도 이어지고 있다.

11.
비둘기

 카이로의 외곽으로 나가면 서민들이 모여 사는 지역이 나온다. 도로변에 있는 건물 옥상에는 대부분 커다란 나무 집들이 있다. 나무로 만든 비둘기의 집이다. 그 나무 집 옆에서 한 남자가 하늘을 향해 옷을 흔든다. 하늘을 나는 한 무리의 비둘기들에게 자기가 만들어 놓은 나무 집에 들어오라는 신호를 보내는 것이다.

+ 건물 옥상의 비둘기집

 비둘기는 한번 둥지를 틀면 잘 떠나지 않는다고 한다. 그 둥지에서 새끼를 낳고 오래 머물기 때문에 사람들은 자신이 지은 나무 집에 비둘기가 자리 잡기를 바란다. 자기 집 옥상에 둥지를 튼 비둘기를 잡아 음식점에 팔면 수입이 제법 된다고 한다.

12.
카이로의 도로

이집트에서는 한여름의 뜨거운 햇살에 아스팔트가 녹아 도로에 그어 놓은 차선이 삐뚤삐뚤해지거나 지워져 버린다. 한여름 카이로 시내의 아스팔트는 스펀지처럼 푹신푹신하다.

이런 아스팔트 위로 말이나 당나귀가 끄는 달구지가 지나간다. 그 뒤로 최신형의 외제차들이 천천히 따라간다. 또한 좌판 장사용 수레를 끄는 사람, 당나귀를 타고 가는 사람도 도로를 이용한다. 과거와 현재의 교통수단이 조화롭게 공존하고 있다. 신기하게도 교통경찰은 제재를 가하지 않는다.

그러나 해가 갈수록 차량이 늘어나 도심에서는 이런 인간적인 모습을 보기가 힘들어졌다. 이른 아침과 늦은 저녁에나 목격할 수 있다. 그렇지만 변두리에서는 여전히 과거와 현재의 공존이 이뤄진다.

서울의 10차선 도로 한복판에서 손수레를 끌고 지나간다면, 과연 우리나라 사람들은 어떻게 할까? 궁금하다.

13.
서르비스

아랍의 대중교통 중 사람들이 많이 이용하는 것은 12인승 마이크로 버스다. 이를 아랍어로는 '서르비스'라 한다. 서르비스는 중대형 버스들이 가지 않는 작은 동네들을 연결해 준다. 일정한 시간에 맞추는 것이 아니라, 정부의 허가를 받은 구간별로 승객이 차면 출발한다. 그런데 총알 버스라 불릴 정도로 빠르게 다녀 교통사고의 주범이기도 하다. 운행 횟수에 대한 규제가 없기 때문이다. 왕복 운행을 여러 번 해야 수입이 올라가니, 과속할 수밖에 없는 도로 위의 무법자다.

서르비스의 요금 납부는 상당히 특이하다. 요금을 징수하는 차장이 없는 경우에는 승객 중 한 사람이 요금을 걷어 운전사에게 전달한다. 운전사는 돈을 받고 확인한 후 거스름돈을 내준다. 만약 요금을 수납하는 차장이 앞에 있는 경우에는 뒤에서부터 차례로 앞사람에게 요금을 전달해, 앞 좌석의 손님이 차장에게 전달한다. 운전사가 요금을 걷는 데 최대한 신경을 덜 쓰고 운전에 집중하게 만든 시스템이긴 하지만, 차장 없이 운전사가 잔돈을 거슬러 줄 때는 아찔

아찔하다. 운전 중에 돈을 세고 건네는 모습에 신경이 많이 쓰이는데, 현지인 승객들은 너무나 태연하다.

때때로 여성이 혼자 서르비스에 탈 경우가 있다. 이때는 앞쪽의 좋은 자리 혹은 운전사 옆자리를 여성에게 양보한다. 좁은 자리에 모르는 남녀가 함께 앉아 가는 것을 피하기 위한 배려다.

여성을 배려하는 종교적 신념, 운전사 대신 요금을 걷어 주는 승객, 잔돈을 거슬러 주고 차장 역할까지 하는 운전사를 바라보며 외국인들은 오지랖이 넓다고 할지도 모른다. 그러나 남을 배려하는 이들의 모습에서 사람 냄새가 나서 좋았다.
"하다 샤이인 자밀(=아름다운 모습)!"

14.
국제 도서전

카이로에서는 매년 국제 도서전이 열린다. 도서전의 오픈식에는 대통령이 참석하여 국민들이 책에 관심을 갖도록 촉구한다. 도서전은 시내에 있는 대형 무역 전시장에서 1월 말에 개최되는데, 아랍의 봄 이전에는 모든 아랍권 국가의 출판사가 참여하였다. 그렇기에 전 세계에서 아랍학을 공부하는 학자들, 출판업에 종사하는 사람들이 카이로를 찾는다. 또한 방학을 맞은 학생들이 가족과 함께 나들이 겸 도서전에 방문한다. 부모가 아이들과 함께 책을 고르는 것은 서로 간의 대화뿐만 아니라 책의 중요함을 공유하는 행위이기에 바람직하다.

도서전에서는 평소보다 저렴한 가격으로 책을 살 수 있고, 무엇보다도 다른 나라에서 출판된 책을 편안히 볼 수 있는 기회이다. 게다가 세미나, 작가와의 대화 등 다양한 프로그램과 부대행사도 마련되어 있고, 누구나 토론에 참여할 수도 있다. 간혹 중요한 세미나는 TV로 생중계되기도 한다.

EGYPT

15.
사막의 택시 낙타

현존하는 80여 개의 피라미드 중 기자 피라미드가 가장 유명하다. 우리가 알고 있는 3개의 피라미드, 즉 3대 부자의 피라미드 중 하나로 이곳은 늘 관광객으로 붐빈다.

피라미드 주변에서 채찍을 들고 "1달러, 1달러!"라며 손님을 모으는 사람들이 있다. 입구에서부터 외국인을 따라다니며 가격 흥정을 하는 이 사람들은 사막의 택시라 불리는 낙타의 주인들이다. 관광객이 낙타에 타면, 그들은 피라미드 주변 반경 10m를 왕복한다. 그러고는 낙타 등에서 내리기 직전, 1달러의 10배인 10달러를 내라고 요구한다. 돈을 더 지불하지 않으면 낙타에서 내려주지 않겠다고 겁을 주면서 말이다.

낙타를 처음 타 본 외국인들은 예상보다 높은 낙타 등의 높이에 놀란다. 게다가 낙타 등에 탄 채 땅을 쳐다보면 떨어질 것 같은 공포감이 느껴진다. 걸을 때마다 앞뒤로 흔들리는 낙타의 움직임에 관광객의 공포감은 더 커질 수밖에 없다. 때때로 낙타 주인은 관광객을 태운 낙타를 인기척 없는 한적한 곳으로 몰고 가기도 한다. 이때 요금을 더 내라고 큰소리치면 관광객의 대부분은 겁에 질려 100달러짜리를 지갑에서 꺼내 주는 경우도 있다고 한다. 그러나 관광 경찰에 신고해도 돈을 찾을 수는 없다. 이집트에 처음 온 사람들이 비슷비슷하게 생긴 낙타 주인을 구분해 내기는 어렵기 때문이다.

낙타는 척박한 사막에서 인간에게 도움을 준다. 모래바람이 불어 길이 없는 상황에서도 낙타는 뛰어난 후각으로 정확히 길을 안내한다. 어두운 밤에 오아시스를 찾을 수 있는 것도 후각이 발달해서다.

구약의 성지인 시나이반도, 페이란 계곡, 호렙산 등에서도 순례자들의 교통수단으로 낙타가 이용된다. 모세가 십계명을 받은 호렙산 정상으로 가는 길에도 낙타가 이용된다. 새벽 1시, 낙타는 빛도 없이 어두컴컴한 길을 뚜벅뚜벅 걸어 정상 밑 계단에 사람들을 내려놓는다. 날이 밝아 낙타를 타고 온 길을 내려갈 때면, 어마어마한 절벽 길을 올라왔었다는 것을 확인할 수 있다. 자칫 낙타가 균형을 잃었다면 낙타 등에 탄 순례자들은 절벽 아래로 떨어졌을 것이다.

낙타 등에 타면 2층 건물 높이에 앉아 있는 것처럼 느껴진다. 장시간 안장을 잡느라 긴장한 데다가, 낙타의 발걸음에 따라 몸이 앞뒤로 쏠리면 졸음이 몰려온다. 간혹 잠이 들어 낙타 등에서 추락하

+ 기자 피라미드 앞의 낙타

는 경우도 있다고 한다. 낙타 주인인 베두인들은 안장 없이도 균형을 잘 잡는다. 그렇지만 낙타를 처음 탄 관광객들은 균형 잡기가 쉽지 않아 안장을 있는 대로 꽉 잡기 마련이라 내리고 나면 온몸이 뻐근하다. 그렇다고 안장을 베두인이 사용할 때처럼 느슨하게 묶으면 균형을 잃어 낙상하기 십상이다.

16.
거리의 개와 고양이

카이로에는 길거리에 사는 개와 고양이가 많다. 개들은 길거리를 몰려다니면서 사람들에게 해를 끼치기도 해서 정부의 골칫덩어리로 전락했다. 예방 접종이 되지 않은 개들이라, 혹 물리면 바로 병원에 가 주사를 맞고 경과를 지켜봐야 한다. 개가 가지고 있을지도 모르는 바이러스에 감염되었는지 살펴보기 위해서다.

한국 교민 중에도 개한테 물려 몸 고생, 마음고생을 한 사람들이 있다. 특이하게도 거리의 개들은 현지인에게는 짖지도 물지도 않고 외국인에게만 달려든다. 늑대와의 잡종으로 태어난 들개들은 인적이 드문 마을에서 먹을 것을 찾으러 돌아다니다, 문이 열려 있는 집에 들어가 사람들을 물고 달아나는 경우도 있다.

이집트 정부는 떠돌이 개의 개체 수가 많이 늘어났다 싶으면 한밤중에 개를 포획, 살생한다. 카이로에서 1년에 2~3차례 엽총 소리와 개 짖는 소리가 나면, 개체 수를 조정하는 작업 중이라고 생각하면 된다.

아랍인 중에는 반려견을 키우는 사람도 있다. 우리처럼 반려견에게 옷을 입히고 미용을 해 주며 예방 접종도 시킨다. 일반 서민들은 반려견의 사료나 간식 비용이 많이 든다는 것을 알고 있어서, 반려견의 주인을 뒤에서 손가락질하기도 한다. 사람도 못 먹는 것을 반려견에게 먹이고, 자식처럼 애지중지하는 모습이 그들의 눈에는 이상하게 보이는 것이다. 사실 아랍에서는 반려견을 키우는 사람들이 극히 드물다. 셰퍼드 같은 대형견들은 집을 지키기 위하여 키우기도 하지만, 소형견을 키우는 것은 보편화되어 있지 않다. 아마도 아랍 사람들 대부분이 개는 거리에서 지저분한 쓰레기를 먹으며 사는 동물이라고 여기기 때문일 것이다.

반면 고양이는 따로 개체 수 조정을 하지 않는다. 고양이는 생활에 도움을 준다고 생각해서 그런지, 동네를 돌아다녀도 죽이는 경우가 없다. 오히려 작은 용기에 고양이 밥을 챙겨 주는 집들이 있다.

고대 파라오의 무덤에서 개와 고양이의 미라가 발견된 것으로 보아, 개와 고양이는 오래전부터 이집트인들과 함께 살아온 동물이다. 얼마 전 언론 매체에서 이집트 내의 개 개체 수 조정을 위하여 개를 식용으로 하는 국가에 수출할 예정이라는 기사가 나왔다. 이에 동물 보호 단체 및 외교 관련 단체의 비난이 빗발쳤고, 이집트 정부는 가짜 뉴스라며 진화에 나섰다.

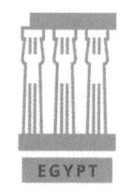

EGYPT

17.
우기와 비

이집트는 10월부터 2월까지가 우기다. 그러나 비 오는 날은 손에 꼽을 정도이다. 대부분의 아랍권 국가들은 강수량이 많지 않아 도로의 배수로 설치에 그다지 신경을 쓰지 않는다. 그래서 우기에 조금만 비가 내려도 지하도나 도로에 물이 고여 통행에 지장을 준다. 아침에 비가 오고 있거나 비가 온 다음 날에는 평소보다 일찍 출근해야 한다. 부실한 배수로로 인해 물바다가 된 카이로 시내는 교통지옥이 되기 때문이다. 평소 1시간 걸리던 곳을 3시간 만에 도착하는 경우도 생긴다.

배수로가 설치되어 있어도 배수로에 가득 찬 모래나 쓰레기로 인해 물이 제대로 빠져나가지 못하는 경우가 다반사다. 그렇기에 도로에 고인 물은 청소차가 와서 물을 뺄 때까지 빠지지 않는다. 서민이 모여 사는 지역에는 비포장도로가 많아 사람들은 질퍽거리는 땅을 피해 걸어 다니곤 한다.

그래도 불만 없이 물이 고인 도로를 천천히 운전하고, 진흙 범벅인 길을 말 없이 피해 걷는 이집트인들. 그들은 비가 내리는 것을 축복이라고 여긴다. 그래서 비가 내릴 때 우산을 쓴 사람들이 거의 없다. 더운 사막에서의 비 한 방울은 알라가 주신 더없는 은총이기 때문이다. 모든 것은 알라의 축복이라 여기기에 그들은 불편을 감내하며 산다.

아라비아반도에 사는 아랍인들도 비를 알라의 은총으로 생각하기 때문에 비가 아주 심하게 오는 경우가 아니면 우산을 사용하지 않는다. 대부분의 아랍인은 우산을 가지고 있지 않으며, 상점에서도 팔지 않는다. 외국 여행이나 순례길에 우산을 사는 경우는 있지만, 국내에서는 우산을 제작하지도 판매하지도 않는다.

18.
데끼야

한적한 오후 주택가에 들려오는 소리가 있다. "타당탕!" 금속이 부딪치는 소리, "데끼야!"라고 외치는 소리다. 가스통을 가득 실은 트럭이 지나갈 때마다 난다. 대부분의 집은 집까지 파이프라인이 설치되어 가스를 공급받지만, 일부 주택에서는 아직도 가스통을 사용한다. 그렇기에 대행업자들이 정부 판매 가격에 수수료를 덧붙여 가스통을 교체해 주겠다고 이 마을 저 마을을 돌아다니는 것이다.

직접 빈 가스통을 들고 가스 충전소에 가서 꽉 찬 가스통으로 교환할 수도 있다. 그렇지만 일이 꼬이면 가스통 하나를 바꾸기 위하여 오전 내내 줄을 서야 하는 경우가 생기기도 해서 대개 대행업체를 통해 가스통을 교체한다. 또한 가스통을 교체할 때마다 가스 밸브를 다시 연결해야 하므로 안전성 측면에서도 대행업체에 맡기는 것이 좋다.

원래 "데끼야"는 자전거 뒤에 수레를 달고 다니면서 고물을 사는 업자들이 내는 소리다. 우리나라의 "고물~~, 고물 삽니다!"와 같은 의미다. 오래된 텔레비전, 전기용품, 가구 등을 구입한다는 함축된 말이다.

　가정에서 사용하지 않는 오래된 물품을 구매하다 보면 간혹 골동품으로 가치가 있는 희귀한 물건이 나온다고 한다. 이집트 가정에서는 오래된 물품을 값비싼 가치가 있다기보다는 정리해야 할 물품으로 여기는 경향이 강하기 때문이다. "데끼야!"라고 외치는 상인들에게 적은 돈을 받고 가치 있는 골동품을 파는 일이 종종 생기는 것이다.

19.
흥정의 대가

이집트는 대형 백화점에서도 깎아 준다. 정해진 가격대로 판매하는 곳은 값비싼 해외 명품 매장뿐이다. 전통시장에 가든, 백화점에 가든, 관광지 상점에 가든, 외국인 손님이 오면 무조건 정가의 몇 배가 되는 가격을 부르기 때문에 반드시 흥정이 필수다.

깎아 달라는 얘기에 상점 주인들은 아랍어로 크게 불가능하다고 말한다. 그들의 큰 목소리에 외국인은 대개 주눅이 든다. 여기서 밀리지 않고 끈질기게 가격을 흥정해야 바가지를 쓰지 않는다. 깎아 줄 기미가 보이지 않으면 나오면 된다. 상점 주인이 물건을 팔고 싶다면 다시 부르기 마련이니. 그때 처음 주장했던 가격으로 물건을 달라고 하면 거의 살 수 있다.

그런데도 물건 구매 후에는 절대로 다른 상점에 가서 가격을 비교해서는 안 된다. 십중팔구는 비싼 값에 샀을 것이기 때문이다. 물건 구매 전 여러 상점을 들러 조사한 후 산 게 아니라면, 장사의 달인인 아랍 상인들과 가격 흥정을 해 본 것으로 만족해야 한다.

20.
거리 이름

이집트의 거리 이름은 숫자보다는 사람의 이름을 붙이는 경우가 많다. 유명인의 이름을 차용하는 경우도 있지만, 일반적으로는 제일 먼저 그 지역에 정착한 가정의 이름을 따서 거리 이름으로 사용한다. 우리에게도 친숙하고, 아랍에서도 대중적인 이름인 '무함마드', '아흐마드', '하마다' 등이 이집트의 거리 이름으로 불리고 있다. 그렇기에 동일한 거리 이름이 많아, 어떤 곳을 방문하거나 우편물을 보낼 때면 반드시 정확한 주소를 확인해야만 한다.

+ 거리 이정표

다른 듯 닮은 이집트 이야기

21.
전통 의술

내 아이들이 어렸을 때 이집트의 한 시골 마을에 초대를 받아 간 적이 있었다. 그 동네의 아이들과 놀던 큰아이가 갑자기 울음을 터트렸다. 같이 놀아 주던 청년이 아이의 손을 잡고 들어 올리다가 그만 아이의 손목이 빠져 버린 것이다.

우리 가족을 초대한 분은 큰 병원 대신 동네에 있는 의료원으로 우리를 안내했다. 뼈를 잘 만지는 전통 의료원이라고 해서 따라갔는데, 웬 가정집 안으로 들어갔다. 의아해하며 집 안으로 들어가 보니 사랑채에서 많은 사람들이 차례를 기다리고 있었다. 외국인이 왔다고 차례를 양보해 준 덕에 우리 아이부터 진찰할 수 있었다. 의사(?)는 아이의 손목을 잡고 어루만지다가 갑자기 팔을 당겨 손목을 맞추었다. 큰 소리로 울고 있던 애가 순식간에 웃음을 띠며 과자를 받아들고 나왔다.

그곳은 정식 의료면허증이 있는 곳은 아니지만, 전통 방식으로 환자를 치료해 주는 곳이란다. 우리나라의 접골원 같은 곳인가 보다

했는데, 주술로 치료하는 것도 있고 약초 같은 것을 처방하기도 한다. 필자의 어린 시절, 동네에 국가에서 발급해 주는 의료면허증을 소지하지 않고 의료 행위를 하는 분이 계셨던 것이 떠올라 왠지 정겨웠다.

22.
마끄하

이집트에서는 커피숍을 '마끄하'라고 부른다. 일부 대도시를 제외하고는 남성이 서빙을 하는, 여성은 찾아볼 수 없는 남성 전용 커피숍이다. 물론 대도시에는 스타벅스나 커피빈 같은 다국적 기업의 커피숍이 있다.

마끄하는 서민들의 안식처이며 친교의 장소이다. 커피와 차를 마시고, 간단한 마작이나 체스 게임 등을 할 수 있다. 다국적 프랜차이즈 커피숍처럼 다양한 음료를 비싸게 팔지 않는다. 저렴한 커피와 차를 담배를 피우면서 마실 수 있다. 오래 앉아 있다고 눈치를 주는 사람도 없다. 커피는 아메리칸 스타일이 아니라 터키식인 '까흐와'를 판다.

간혹 도시의 마끄하에서는 여성이 남성들과 함께 앉아 이야기하는 모습을 볼 수 있다. 어떤 여성은 옆에 놓인 파이프로 물담배를 피우기도 한다. 익히 알고 있던 아랍 국가의 모습과는 다르다. 아랍 국가의 여성들은 외출을 잘 하지 않고, 남성들과 밖에서 웃거나 대화

+ 터키식 커피 위키, CC BY-SA 3.0

다른 듯 닮은 이집트 이야기

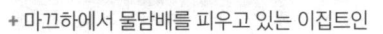
+ 마끄하에서 물담배를 피우고 있는 이집트인

하지 않는 것으로 알려져 있다. 그러나 이런 모습을 보면서 아랍 문화의 다양성을 이해해야 할 것 같다. 사우디아라비아와 같은 보수적인 사회에서는 불가능한 모습이지만 말이다.

다국적 커피숍 스타벅스 안의 모습은 어떨까? 휴대폰을 들여다보는 사람, 노트북을 펼치고 작업하는 사람, 서로를 바라보며 대화하는 젊은 남녀, 아이스크림과 디저트, 커피를 먹는 가족 등 우리의 모습과 같다. 커피 가격도 거의 동일하다.

반면 아라비아반도 아랍 국가의 커피숍에서는 하얀 '다스다쉬'(=아랍 남성 전통의상)를 걸친 남성들이 모여 앉아 대화하는 모습이나

+ 다스다쉬를 걸친 베두인과 아랍 커피

간혹 검은 아바야를 걸친 여성들의 모습을 볼 수 있다. 그렇지만 가족을 제외한 젊은 연인들이 함께 앉아 있는 모습은 찾아볼 수가 없다. 사우디아라비아 등 아랍 국가에서는 가족 이외의 남녀가 같이 앉아 대화하는 것이 금기시되어 있기 때문이다.

23.
축구 경기 응원

이집트인의 축구 사랑은 대단하다. 국내 경기, 국제 경기를 가리지 않는다. 본인들이 좋아하는 국내 클럽이 경기할 때나 국가대표 경기가 있을 때면, 개최지에 상관없이 낮부터 도시 전체가 시끄럽다. 자가용이나 대중교통을 가리지 않고 이집트 국기를 달고 달리면서 클랙슨을 울리기 때문이다. 미처 국기를 달지 못한 자동차도 클랙슨 소리로 호응한다.

낮부터 시작된 응원은 경기 시간에는 카페나 클럽으로 옮겨 간다. 그곳에 설치된 대형 스크린 앞에 모여 앉아 함께 응원하고, 음식을 먹는다. 광장이나 탁 트인 장소에서 응원하는 우리와는 다른 모습이다. 응원하던 팀이 승리할 경우 다시 차를 몰고 나가 클랙슨을 울리면서 승리의 기쁨을 즐긴다.

24.
가축 사육

이른 아침 창밖에서 닭 우는 소리가 들려왔다. 도시 한가운데에 닭이라니…. 상인이 닭을 팔려고 돌아다니는 것일까?

닭 울음소리에 대한 궁금증은 지방에 사는 친구 집에 방문했다가 해결되었다. 자신의 집을 소개해 주는 친구를 따라 옥상으로 갔는데, 그곳에 거위, 칠면조, 닭장이 있었다. 우리나라에서는 마당에서 키우는 가축을 집 옥상 위에서 키우고 있었다. 너무나 신기해서 물었더니 마당에는 소 같은 큰 가축을 키우고, 작은 가축은 옥상에서 키운다고 했다. 그러면서 카이로 시내의 집들도 마찬가지라며 기회가 되면 잘 살펴보라고 얘기해 주었다.

카이로에 돌아온 어느 날 이웃집 옥상에 올라갈 기회가 있었다. 친구의 말대로 주변의 낮은 건물 옥상에서 가축을 키우는 모습을 볼 수 있었다.

다른 듯 닮은 이집트 이야기

25.
죽음의 도시

50년 전만 해도 카이로 변두리에는 '죽음의 도시'가 있었다. 지금은 카이로가 커져 주변으로 신도시가 건설되고 있어서, 죽음의 도시는 구도심과 신도시 사이에 위치한다.

이 죽음의 도시는 조상의 주검을 모셔 놓은 가족묘들이 즐비한 곳이다. 이집트의 공동묘지는 산에 무덤을 만드는 것이 아니라, 집의 형태로 되어 있다. 사전 지식이 전혀 없는 외국인이 보면 주택으로 착각할 수 있다. 대문에는 누구 집안의 무덤인지가 쓰여 있고, 안으로 들어가면 집처럼 마당과 지하로 통하는 홀이 있다. 지하홀 입구는 시멘트 덮개로 막혀 있다. 지하 무덤에는 조상들의 시신이 모셔져 있다. 그 집안의 가족들은 죽으면 전부 이곳에 묻힌다. 지하 무덤은 조상과 후손이 다 함께 모이는 장소이다.

그런데 카이로가 커지면서 공동묘지를 확장할 수 없는 상황이 되었다. 이에 이집트 정부는 카이로 외곽 사막지대에 대단지 무덤 마을을 새로이 형성하였다.

+ 죽음의 도시에는 집과 무덤이 함께 있다. 위키, 퍼블릭도메인

　　죽음의 도시는 무덤을 관리하는 사람들이 거주하기는 하지만, 한적하고 사람들의 왕래가 적다 보니 범죄의 온상이 되기도 한다. 무덤을 관리하는 무덤지기는 장의사 역할까지 한다. 시신이 도착하면 시신을 지하 방으로 옮겨 먼저 죽은 조상들 옆에 놓는다. 이때 머리 방향을 메카를 바라보게 두어야 한다. 가족들은 지하 무덤 입구의 홀에 앉아 추모 기도를 드린다. 여성들은 가족묘 밖에서 장례절차가 끝날 때까지 기다리다가 남성들이 나오면 따로 들어가 추모한다.

죽음의 도시는 카이로에서 지방의 관광지로 가는 길목에 있어 관광객들도 한 번쯤은 지나가게 된다. 낮에 지나가는 것은 괜찮으나, 밤에 지나갈 때는 가로등이 있는데도 오싹함과 두려움이 느껴진다. 흡사 우리나라 공동묘지를 밤에 걸을 때와 같은 느낌이다.

이집트 정부에서는 이 무덤 지역을 수도 외곽의 사막으로 옮기려고 했으나, 가족묘를 모시는 후손들이 사회 각 분야 지도층에 분포되어 있어 어려움을 겪고 있다. 게다가 가족묘의 토지 가격까지 상승하여서 정부에서는 이전 비용을 감당할 엄두를 내지 못하고 포기하였다고 한다.

이집트인들도 조상을 모시는 것은 후손의 의무라고 여긴다. 또한 최후의 심판 때 부활하여 알라의 심판을 받는다는 교리를 믿는데, 이때 시신이 없으면 부활할 수 없다고 여겨 시신을 귀하게 모신다. 그렇기에 이슬람권에서는 절대로 화장을 하지 않는다.

26.
여성의 흡연

아랍 여성 중에는 담배 애호가가 제법 있다. 운전 중에 흡연하거나 카페 등 공공장소에서 흡연하는 여성을 쉽게 만날 수 있다. 필자가 처음 이집트에 왔던 1980년대에도 이런 모습을 자주 목격할 수 있었다. 당시 우리나라에서는 공개된 장소에서 여성들이 흡연하는 것을 보기 힘들었을 때였는데 말이다. 또한 외국계 사립대학에서는 남녀 학생이 교정에서 같이 흡연하는 모습이 자연스러웠다. 국립대학에서는 여성 흡연자의 모습을 찾아보기 힘들었지만.

아랍의 흡연 여성들은 임신을 계획할 경우에 담배를 끊고 건강한 몸을 만든다고 한다. 출산 후에도 모유 수유를 그만둘 때까지 금연한다. 평소 담배를 많이 피우는 여성들도 자녀를 위해서는 자신이 좋아하는 담배를 끊었다가, 아기를 돌보고 나서는 바로 애연가로 돌아간다고 한다. 모성애란 참 신비롭다.

27.
젊은이들의 연애

아랍 22개국이 다 같을 수는 없겠지만, 이집트의 젊은이들은 우리가 알고 있는 이슬람 상식으로는 이해할 수 없을 만큼 자유로운 연애를 한다. 카이로에서는 젊은이들이 나일강변에서 데이트하는 모습을 목격할 수 있다. 우리의 젊은이들이 데이트하는 모습과 별반 차이가 없다. 다만 여성들이 긴 치마를 입고 히잡을 착용한 것 말고는. 손을 잡거나 팔짱을 끼고 걷는 모습까지 비슷하다. 특히 지방에서 카이로로 유학 온 대학생 중 일부는 부모 모르게 이성을 만나고 자유롭게 데이트를 한다.

이집트를 비롯한 아랍 사회는 여전히 집안에서 정해 준 배필과 결혼하는 경향을 보인다. 예전보다는 자유로운 교제로 결혼하는 경우가 늘기는 했지만, 집안의 사촌끼리 결혼하는 경우도 많다. 이집트 의료계에서는 같은 가문끼리의 결혼으로 유전병과 여러 문제가 발생하는 것을 방지하기 위해 동일 가문 간의 결혼은 하지 말라고 권고한다.

28.
나일강의 여름밤

한여름의 나일강은 네온사인 불빛이 은은하게 비치는 낭만이 있다. 특히, 나일강의 다리 위에는 강에서 부는 선선한 바람을 맞으러 많은 사람이 모인다. 다리 위는 가족, 연인, 친구 등과 함께 나온 사람들로 늦은 시간까지 북적거린다. 가끔 아름다운 꽃으로 치장한 자동차의 모습이 보이거나 열광하는 휘파람과 박수 소리가 들릴 때가 있다. 하얀 드레스를 입은 신부와 검은 정장 차림의 신랑이 친구들의 환호 속에서 기념 촬영을 하는 중일 때다. 신랑과 신부의 친구들은 춤을 추면서 촬영을 함께 즐기고 축하해 준다.

한편 가로등이 비치는 강변의 벤치에는 청춘 남녀가 가까이 앉아 서로를 바라본다. 눈가에 웃음을 가득 머금고 대화를 나눈다. 다른 한편에서는 단란한 가족이 다리를 왕복하면서 큰 소리로 웃고 즐긴다. 한여름 밤, 나일강변의 편안하고 안락한 풍경이다.

29.
세 명의 데이트

아랍 국가에서 연애 결혼은 드물다. 대부분 정략결혼이나 중매, 아니면 사촌끼리 결혼한다. 양가 부모가 배우자를 정해 주어 결혼을 약속할 경우에는 약혼식 이후 연애 기간을 갖는다. 약 1년 정도 서로 알아가는 과정을 거치는 것이다. 이 기간에 신랑은 신혼집을, 신부는 가정 살림 등을 준비하지만, 가장 중요한 것은 상대가 어떤 성품과 성격을 가졌는지 파악하는 것이다.

데이트는 양가를 방문하여 집 안에서 이루어지기도 하지만, 대개는 야외로 나가 둘만의 시간을 갖는다. 늦은 저녁 시간 무깟담 언덕에는 여러 대의 자동차가 주차되어 있다. 그런데 자동차의 한 옆에서는 두 사람이 서서 대화하고, 다른 한 옆에서는 한 사람이 그들을 쳐다보고 있다. 약혼 후 혹은 결혼을 전제로 만나는 청춘 남녀가 데이트할 때는 신부의 동생을 대동하는 경우가 대부분이기 때문이다. 신부 부모의 안심 전략으로, 결혼 전까지는 불미스러운 일(?)이 발생하지 않도록 하기 위해서다.

미래의 형부 혹은 매형이 될 예비 신랑은 신부의 동생들에게 각별히 신경을 쓴다. 둘만의 달콤한 데이트를 위하여 감시병인 예비 처남과 처제에게 잘한다. 물론 용돈은 기본이다. 그래야 예비 처남과 처제의 감시가 소원해질 테니 말이다. 아예 맘 놓고 데이트하라고 멀리 떨어져 있거나 잠시 자리를 피해 주었다가, 데이트가 끝나면 함께 돌아오는 일도 다반사라고 한다.

30.
이집트의 워라밸

아랍인들은 업무 시간이 짧다. 뜨거운 기후 때문에 대부분의 관공서는 오전 8시에 시작하여 오후 1시면 업무가 끝난다. 이집트 사람들은 대개 차, 빵과 치즈 등으로 간단하게 아침을 먹는다. 점심 식사는 1시 퇴근 후 '아스르 예배'(=오후 3~4시경) 전후에 육류 중심으로 이루어진다. 그리고 낮잠을 자고 난 후 다른 직장에 간다. 이집트인들은 대부분 두 개의 직업을 갖고 있다. 오전에는 월급 생활자로 회사 등을 다니고, 오후에는 택시 운전이나 가게의 점원 같은 일을 한다. 여기에는 한 직장의 수입으로는 살아가기 힘든 비싼 물가가 한몫하고 있다. 소득 수준이 물가 상승을 따라가지 못하니 투잡을 할 수밖에 없는 것이다.

아랍 국가는 금요일과 토요일이 주말이다. 금요일에는 사원에서 예배를 드리고, 가족이나 친구들과 점심을 먹는다. 그리고는 가족과 함께 휴식을 취한다.

아랍 사람들은 저축보다는 소비에 더 익숙하다. 그래서 한 달 수입을 거의 소비한다. 매일매일의 삶을 여유롭게 사는 걸 중요하게 생각하기 때문이다. 여기에는 희사 내지는 봉사로 표현되는 이슬람의 교리도 작용한다. 게다가 대중교통의 인프라가 체계적으로 구축되지 않아서 차가 생활필수품이다. 대부분의 가정이 맞벌이여서, 한 집에 차가 두 대인 경우도 많다. 형편이 안 되는 경우에만 한 대를 사서 아내가 차를 가지고 다니고 남편은 대중교통을 이용한다. 차량의 구매 또한 소비를 부추기는 요인이 된다.

이집트에서는 오래전부터 여성이 남성과 동등하게 운전을 했다. 그러나 아라비아반도에서는 여성이 운전하는 것에 대하여 부정적이어서, 이집트나 모로코 같은 북아프리카의 아랍 국가들보다 여성 운전자 수가 적다. 2018년부터는 완고한 사우디아라비아에서도 여성의 운전이 허용되었다. 아직 여성의 운전은 낮에만 가능하고, 남편이나 집안의 남성과 동승해야 가능하지만.

아랍권에서는 여성 운전자를 배려하여 도로에서 여성이 천천히 운전하더라도 재촉하지 않는다. 상향등을 켜거나 클랙슨을 울리지 않고 조용히 피해 간다. 또한 길을 가다 자동차가 고장 나서 서 있는 경우를 보면 모른 척 지나가지 않는다. 가던 길을 멈추고 타이어를 갈아 주거나 고장을 해결해 주는 경우가 대부분이다. 고장 난 차의 운전자가 여성이든 남성이든 상관없이 말이다. 보통 서민들은 싼값

의 오래된 중고 자동차를 사기 때문에 길에서 갑자기 서는 경우가
비일비재하다.

최근 카이로에서 운행되는 차량의 40% 정도가 한국 자동차라고
한다. 확실하지는 않지만, 한국 차가 수입된 이후로 고장으로 길에
멈추는 자동차 수가 급격히 줄었다고 한다. 괜스레 믿고 싶다.

31.
과외 열풍

교육의 양극화는 아랍권에서도 쉽게 볼 수 있다. 소득이 높은 가정이 증가하면서 학비가 비싼 사립 교육기관을 찾는 사람들이 늘고 있다. 상대적으로 공립학교는 교육의 질이 떨어져, 공립학교의 학부모들은 따로 개인 과외를 시킨다. 사립학교에 다니는 일부 학생들도 과외를 받지만, 공립학교의 학생만큼은 아니다. 학교에서 내 주는 과제의 양이 어마어마해서 사립학교 재학생은 과외를 할 여력이 없기 때문이다.

이집트도 우리나라와 마찬가지로 가정의 경제 수준에 따라 일대일로 과외를 시키거나 그룹으로 과외를 시킨다. 교육비 지출이 가계소득의 절반 이상을 차지하는 것도 비슷하다. 부모의 자식에 대한 교육열은 아랍 국가라고 해서 예외는 아닌 듯하다. 심지어 해외에 나가 일을 하는 이집트 사람들까지도 집을 마련하고 나면 자식의 교육에 급여를 사용한다.

그렇기에 시골에 가도 과외가 성황이다. 시골에는 사립학교가 거의 없기 때문에 대도시보다 교육의 질이 떨어진다. 게다가 교사의 급여가 박봉이어서 선생님들도 방과 후 과외에 더 매진한다.

자식이 공부를 잘해 좋은 대학, 좋은 직장에 들어가서 자신들이 살았던 것보다 넉넉한 삶을 살기를 바라는 마음

+ 이집트의 명문학교 카이로아메리칸대학교
위키, CC BY-SA 3.0

과 이를 위해 부모의 삶을 포기하는 모습은 우리와 참 많이 닮았다.

32.
'우버 택시'와 '카림 택시'

이집트에서는 얼마 전까지 택시의 미터기를 사용하지 않았다. 택시에 오르기 전에 흥정으로 요금을 정하기 때문이다. 1980년대 초반부터 설치되기 시작한 택시의 미터기는 물가 상승에 따른 요금 상정이 반영되지 않아 기사들이 사용하지 않았다. 물가 상승 억제를 위하여 정부가 미터기를 교체하지 못하게 하였기 때문이다. 결국 미터기는 장식품으로 전락하였고, 탑승자는 타기 전에 택시 요금을 흥정할 수밖에 없는 상황이 되었다. 요금을 책정하고 택시를 운행해도, 기사는 가는 도중에 요금이 적다면서 승객에게 더 낼 것을 강요하기도 한다.

요즘 이집트를 비롯한 아랍권에는 우버 택시, 카림 택시가 등장하여 요금으로 인한 실랑이가 사라졌다. 특히 여성이나 노약자, 외국인, 관광객 등이 안전하게 택시를 이용할 수 있게 되었다. 목적지와 요금, 택시가 가고 있는 길이 승객의 스마트폰에 나타나고, 요금은 카드로도 결제가 가능하다. 운전사의 간단한 신상도 스마트폰으로 검색할 수 있다. 자가용으로 출퇴근하는 사람들도 카이로 시내의 교

+ 쇼핑센터 앞의 우버 및 카림 택시 승강장

통 체증이 심해지자 우버 택시와 카림 택시를 이용하는 경우가 많아졌다.

  이집트에서 대중화된 우버 택시와 카림 택시는 편의성, 안전성에서 뛰어나다 보니 이집트 국민뿐만 아니라 외국인에게도 큰 인기를 얻고 있다. 최근에는 히잡을 착용한 여성 운전사가 운행하는 여성 전용 차량을 선택할 수도 있게 되었다. 또한 우버와 카림 택시 승강장은 호출 방식이라 영어로도 택시를 부를 수 있어, 아랍어를 모르는 관광객이 이용하기에도 편리하다. 그렇기에 관광 국가인 이집트에서 급속히 확장되고 있다.

33.
대물림되는 직업

이집트에도 우리나라의 외무고시 같은 시험제도가 있다. 그렇지만 외교관은 집안의 직업을 물려받아서 되는 경우가 많다고 한다. 필자가 만난 젊은 외교관은 자신의 할아버지도, 아버지도 외교관이었다고 했다. 방송국에서 만난 젊은 아나운서는 어머니가 아나운서 출신이라고 했다. 아버지가 경찰이나 군 장교 출신이면 자식 중에 경찰, 군인이 되는 경우가 많다. 양극화가 일찍 시작된 아랍 사회에서는 부모의 직업이 곧 자식의 직업이 된다. 그렇기에 일반 서민 가정에서 이러한 특정 직업을 갖는 건 그림의 떡이다. 개천에서 용 나는 일은 거의 일어나지 않는다.

명문 대학 출신으로 성적이 아주 뛰어난 학생들을 제외하고는 출세하기가 매우 힘들다. 아랍에서 신분 상승을 위한 공정하고 유일한 길은 교수가 되는 것이다. 그래서 우수한 젊은이들은 교수가 되는 것이 목표다. 가난하고 평범한 가정의 출신들은 일과 학업을 병행하며 어렵게 대학원에 진학한다. 교수의 꿈을 펼치기 위해 국비로 해외 유학을 가서 박사 학위를 취득한 다음 귀국해 교수로 재직한다.

이렇게 사회 지도층으로 신분 상승을 하는 것이다.

그렇기에 아랍에서는 대학원 입학이 정말 어렵다. 게다가 뛰어난 학부 성적으로 대학원에 입학하더라도, 특출한 한두 명만이 교수로 양성될 뿐이다. 그 밖의 학생들은 졸업하고 다른 직업을 가져야 한다.

EGYPT

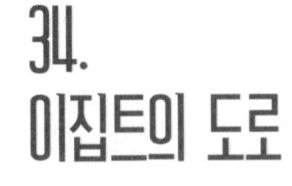

34.
이집트의 도로

이집트의 도로에는 차선이 없는 경우가 많다. 차선이 한여름의 뜨거운 태양열에 녹아 없어지기 때문이다. 한낮의 온도가 이집트보다 높은 아라비아반도 산유국의 차선은 지워지지 않는 것을 보면 차선용 페인트가 좋지 않은 것 같다는 생각이 든다. 그런데 차선 없는 도로를 운행하는 이집트 운전자 사이에는 암묵적인 규칙이 있어 교통사고가 자주 일어나지는 않는다. 참 신기하다.

또한 신호등도 별로 없어서 도로를 가로질러 건너는 보행자가 많다. 그런데 무단 횡단을 해도 보행자가 다치는 경우가 드물다. 운전자와 보행자가 눈빛을 주고받으며 사고를 예방하기 때문이다. 필자도 차가 다니는 도로를 여러 번 건넌 경험이 있다.

그런데 관광객이 길을 건너갈 때는 문제가 생긴다. 이집트인들이 지나간다고 괜찮을 것이라 여겨 혼자 길을 건너면 사고가 발생할 확률이 높다. 신호등이 설치되어 있지 않은 도로를 건너갈 때는 이집트인들의 도움을 받는 것이 안전하다. 대부분의 사람들은 외국인

+ 보행자와 차량이 뒤섞인 카이로의 한 도로

이 도움을 청하면 흔쾌히 도와주니 걱정할 필요가 없다. 이조차 불편하다면 눈치껏 그들이 건널 때 따라 건너면 된다.

이집트에서는 버스를 타고 내릴 때 버스가 정류장에 멈추지 않는 경우가 많다. 서행하는 버스에 승차하기를 희망하는 사람들은 뛰어 올라타야 하며, 하차할 때도 마찬가지다. 그래서 간혹 넘어져 상처를 입는 경우도 있다.

35.
아랍의 교통

아랍의 대중교통은 지하철(=메트로), 대형 버스, 중간 버스, 마이크로 버스, 택시, 우버, 카림 등이 있다. 치안과 안전을 이유로 요즘은 우버나 카림 택시를 많이 이용하나, 그전에는 일반 택시를 주로 이용하였다.

+ 카이로 지하철 위키, CC BY-SA 3.0

다른 듯 닮은 이집트 이야기

아랍권 중 지하철은 아랍에미리트의 두바이와 카이로에 있다. 두바이의 지하철은 자국민보다는 외국인 노동자와 관광객이 주로 이용한다. 또한 2009년부터는 무인 지하철을 개통하여 운영하고 있다.

카이로는 아랍 및 아프리카 대륙에서 최초로 1980년대부터 지하철을 운영하고 있다. 2천만 명이 넘는 대도시 카이로는 매년 인구가 증가하고 있어 지하철 노선을 도시 전체로 확대, 증설하고 있다.

36.
스마트폰의 보급

아랍 국가에도 문명 기기인 스마트폰이 보급되기 시작하였다. 영토의 대부분이 사막인 이들 나라에 유선 통신망을 설치하는 것은 투자한 비용에 비해 효율성이 떨어지는 사업이다. 사막에 기지국을 설치하고 유지, 보수하는 것이 기지국 근처 지역의 인구나 통신망 사용자 수 등을 감안할 때 비효율적이었다. 그렇기에 대개 유선 통신망은 인구가 많은 도시를 중심으로 발달하였고, 당시 국민들은 일방적으로 전해지는 언론이나 방송에만 의존하여 국가의 소식 등을 접했다. 정부의 통제가 쉽게 이루어질 수 있는 구조였다.

그러나 무선 통신망의 보급으로 이집트 전역에서 통신이 가능한 세상이 왔다. 사막에 높고 튼튼한 기지국이 설치되어, 전국에서 동시에 여러 소식을 공유하는 시대가 된 것이다. 이집트 국내의 상황을 스마트폰으로 알게 되었고, 서로의 의견을 나누게 되었다. 해외의 소식도 동 시간대에 손쉽게 접할 수 있게 되었다.

이제 정부에서는 국민들에게 알리고 싶지 않은 소식을 통제할 수

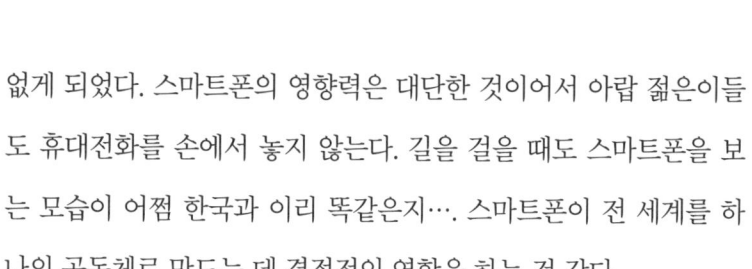

+ 사막의 통신기지국

없게 되었다. 스마트폰의 영향력은 대단한 것이어서 아랍 젊은이들
도 휴대전화를 손에서 놓지 않는다. 길을 걸을 때도 스마트폰을 보
는 모습이 어쩜 한국과 이리 똑같은지…. 스마트폰이 전 세계를 하
나의 공동체로 만드는 데 결정적인 역할을 하는 것 같다.

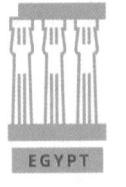

37.
인도 숫자

아라비아 숫자와 인도 숫자 오늘날 아랍 국가에서는 서로 다른 모양의 숫자인 아라비아 숫자와 인도 숫자를 사용하고 있다. 아라비아 숫자는 모로코 등 북부 아프리카와 안달루시아(스페인) 지역에서 사용하는 숫자로 서부 아라비아 숫자(유럽으로 전달되어 세계로 전파), 즉 오늘날 우리가 사용하는 숫자이며, 인도 숫자는 이집트, 시리아, 이라크, 아라비아 반도 등에서 사용하는 숫자로 동부 아라비아 숫자라고도 한다.

오늘날 우리가 사용하고 있는 아라비아 숫자(서부 아라비아 숫자)는 중세 아랍의 학자 알 콰리즈미가 집대성한 것이다. 그런데 아랍 국가들에서는 주로 인도 숫자(동부 아라비아 숫자)를 사용한다. 아랍의 대상들은 인도 사람들을 고용하여 회계 업무를 맡겼고, 이때부터 인도 숫자가 퍼지게 되었다고 한다. 오늘날에도 아랍 부호들의 재정 담당자는 인도인들이 많다고 한다. 전

+ 아라비아 숫자(서부 아라비아 숫자)

0 1 2 3 4 5 6 7 8 9

+ 인도 숫자(동부 아라비아 숫자)

٠ ١ ٢ ٣ ٤ ٥ ٦ ٧ ٨ ٩

통시장이나 쇼핑센터에서 물건을 사면 주판이나 계산기 없이 암산으로 빠르게 계산한다. 물론 이때도 인도 숫자가 사용된다.

이집트와 산유국 등 아랍 거리의 자동차 번호판 및 공문서, 신분증, 운전면허증, 거리 주소 등에도 주로 인도 숫자가 사용되나, 아라비아 숫자와 인도 숫자를 함께 사용하는 경우도 있다.

38.
아랍의 결혼

아랍에서는 대개 약혼을 한다. 그런데 특이하게도 예비 신랑과 예비 신부가 아닌 예비 장인이 모스크에서 이맘의 중재로 약혼식을 한다. 약혼식 이후 예비부부는 일 년 정도 양가의 허락 속에서 교제하고, 이때 지참금 문제를 해결한다. 그런데 요즘은 이 기간에 파혼하는 경우가 늘었다고 한다. 아랍의 젊은 남성 중에 마마보이가 점점 늘어, 예비 신부 쪽에서 이를 알게 되면 결혼을 백지화한다. 어떤 부모가 마마보이와 딸을 결혼시키고 싶겠는가.

카이로에서의 결혼식은 대체로 주말(=목요일) 저녁 시간에 호텔에서 이루어진다. 양가 가족 및 친척, 친구들이 참석한 가운데 신랑, 신부와 밤새도록 축하 파티를 한다. 파티가 끝나면 신랑, 신부는 친구들과 꽃으로 단장한 차를 타고 클랙슨을 울리며 도심을 돌아다닌다. 두 사람과 전혀 관계없는 운전자들도 새신랑, 신부 차의 소리에 맞추어 함께 축하 클랙슨을 울려 준다. 또한 나일강 다리 위에서 사진 촬영을 하기도 하며 즐겁게 지낸다. 그러고는 카이로 시내의 호텔에서 첫날밤을 보낸다.

시골에서의 결혼식은 신부의 집에서 이루어진다. 신랑의 가족과 친척들이 신부의 집을 방문하여 축하 파티를 한다. 첫날밤 또한 신부의 집에서 보낸다. 다음 날 아침, 신랑과 신부가 일어나면 장모가 방으로 들어가 처녀성의 흔적을 들고나와, 딸이 처녀였다는 것을 동네에 알린다.

약혼식 날 예비 신부는 신랑 측에서 준비한 폐물을 착용한다. 예비 신부가 원하는 것으로 마련된 약혼 폐물은 결혼 전에 헤어질 경우 돌려줘야 한다. 그 폐물이 마음에 들어 계속 착용하고 싶다면 현금으로 돌려주면 된다.

아랍에서는 파혼하더라도 여성에게 전혀 흠이 되지 않는다. 새로운 남성을 만나 결혼하더라도 우리나라처럼 색안경을 끼고 보지 않는다. 청춘 남녀가 충분한 만남을 통해 결혼하는 경우가 적기 때문에 상대에게 용납이 안 되는 흠이 발견되면 파혼하는 것이 당연하다고 여기는 것 같다. 또한 요즘 들어 이혼이 증가하는 추세인데, 이혼녀 역시 아무 편견 없이 재혼하는 경우가 늘고 있다.

39.
아랍의 호칭

아랍 국가에서 자주 듣는 이름은 무함마드, 하마다, 아흐마드 등이다. 이는 우리나라의 김씨, 박씨, 이씨 정도에 해당한다. 복잡한 시내 중심 혹은 백화점이나 시장 등에서 "무함마드!" 하고 외치면, 소리 나는 쪽으로 고개를 돌리는 사람이 여럿이다.

그런데 여성의 이름은 남성만큼 대중적인 이름이 많지 않다. 게다가 일반적으로 여성을 부를 때는 '마담', '마드모와젤' 또는 아랍어로 '싸이다'(=Mrs.), '아니싸'(=Miss) 등을 사용한다.

동네 사람들끼리 부를 경우에는 우리처럼 '무함마드 마마', '칼리드 바바'라는 식으로 자식의 이름 뒤에 마마, 바바를 붙이기도 한다. 그러나 청년들이 동네의 연장자나 친척 어른을 부를 때 그냥 이름을 부르는 것을 듣고 많이 놀랐었다. 압둘라, 무함마드, 칼리드 등 직접 이름을 부르는 게 보편적이다. 종종 '암무'(=아저씨)를 이름 앞에 붙이는 경우도 있지만.

40.
이집트의 족보

아랍인의 족보에는 현재 자신의 이름으로부터 아버지, 할아버지, 증조할아버지 순으로 조상의 이름이 적혀 있다. 씨족 1대까지 거슬러 체인처럼 이름이 적혀 있는 것이 구약의 족보와 비슷하다. 물론 모든 집안이 족보를 가지고 있는 것은 아니다.

한편 이집트 시골에 가면 집안의 부족들이 모여 사는 집성촌이 있다. 부족의 어르신 집을 방문하면 대개 그들이 누구의 자손이라는 게 1대 조부부터 파피루스에 적혀 있다.

아랍인은 씨족 중심 사회에서 부족 사회를 거쳐 움마 공동체를 이루며 살았다. 움마 공동체 생활을 하면서 부족 생활의 뿌리가 많이 없어졌지만, 여전히 형제애로 끈끈한 관계를 유지하고 있다.

41.
사랑방 문화

미디어의 발달은 아랍 국가들에도 변화를 가져왔다. 스마트폰이 처음 보급되었을 때는 지하철, 버스 안에서 대부분의 사람이 《꾸란》을 들고 있었다. 지금은 SNS를 하거나 검색을 하는 등 눈과 귀와 손이 스마트폰에 가 있다. 걸을 때도, 기다릴 때도, 지하철 역에서도, 버스 정류장에서도 스마트폰을 놓지 못한다. 그렇지만 부족 결속력이 강해서 아직까지는 그들만의 가족 문화가 유지되고 있다. 최첨단 기기가 들어오고, 선진 문명을 수용해도 여전히 명예 살인이 발생하는 이유가 여기에 있다.

이집트의 시골 마을은 어디를 가도 동네를 대표하는 어른 집에 사랑방이 설치되어 있다. 그곳에서 다 같이 모여 동네와 부족의 일을 처리한다. 이 사랑방 문화를 쿠웨이트에서는 '디와니야'라 부른다. 퇴근한 후에 사랑방에 모여 '마그립 예배'(=해가 지는 시간의 예배)부터 '이샤 예배'(=자정 직전의 예배)까지 함께한다. 이때 개인 문제부터 동네와 부족의 다양한 민원을 집안의 어른들과 논의하며 해결한다.

아라비아반도 국가들의 정부는 대부분 부족 간의 협력을 통해 세워진다. 그렇기에 정부 고위직 임용에 부족별 안배가 있다. 이때도 사랑방에 모여 부족 대표를 뽑아 추천한다.

이집트
음식 이야기

EGYPT

01.
군고구마

이집트는 우리나라와 달리 계절이 뚜렷이 구분되지는 않는다. 그러나 아랍어로 봄, 여름, 가을, 겨울이라는 단어가 있는 것으로 보아 나름 계절을 구분하며 살아온 것을 알 수 있다.

이집트의 가을은 대개 9월과 10월이고, 겨울은 11월에서 2월까지다. 겨울에는 눈 대신 비가 내리고, 체감 온도가 영하로 내려가는 경우가 제법 있다. 그렇기에 겨울에는 길거리에서 동사하는 사람도 생긴다. 우리나라처럼 춥지 않아도 이집트인들이 느끼는 체감 추위는 우리가 느끼는 겨울의 추위와 같은 모양이다. 우리나라뿐 아니라 유럽, 러시아 사람들이 겨울에 이집트를 방문하면 이집트의 겨울이 자국의 초가을 날씨여서 추위를 느끼지 못한다. 심지어 반소매나 반바지를 입고 다니는 사람들도 있다. 현지인들은 두꺼운 코트를 입고 있는데 말이다.

겨울이면 생각나는 것은 군밤과 군고구마일 것이다. 이집트에서도 땅콩과 고구마를 구워 파는 장수가 등장한다. 여름에는 과일 장수가, 겨울에는 고구마, 땅콩 장수가 거리에 좌판을 펼친다. 군고구마를 파는 모습은 우리나라와 같다. 심지어 큰 양철로 만든 통에 고구마를 굽는 모습까지 같다. 이집트 고구마는 수분이 많고 크기가 크다. 그래서 몇 등분으로 나누어 판매한다. 이집트의 겨울 길거리에서 먹는 군고구마도 따뜻하다. 입김을 '호호' 불며 먹다 보면 한국에 있는 것 같은 기분이 들기도 한다.

02.
에이쉬

복잡한 카이로 시내에서 한 젊은이가 머리에 무엇인가를 얹은 채 아슬아슬하게 자전거를 몰고 간다. 나무로 만든 넓적한 판 위에 '에이쉬'(=이집트 빵)를 두 겹으로 쌓아서 이고 가는 것이다. 공장에서 금방 나온 따끈따끈한 빵을 식기 전에 팔기 위해 차량 사이사이를 지나간다. 때때로 자전거 핸들을 잡지 않고 두 손으로 머리 위의 나무판을 잡고 가기도 한다. 넘어지면 어쩌나 싶어 쳐다보는 사람들은 아랑곳하지도 않고 재빠르게 동네 주민이나 식당에 빵을 공급한다.

이집트 정부는 기본 생필품에 보조를 많이 해서 생필품 가격이 싸다. IMF가 이집트에 구제 금융을 하면서 정부의 생필품 보조를 줄이라고 권고한 뒤로는 저소득층에게만 저렴한 가격으로 생필품이 공급되고 있다. 그러나 아직도 국민 빵인 에이쉬만큼은 전 국민에게 저렴하게 공급하고 있다. 비록 크기는 줄였지만.

저렴해도 방부제나 맛을 내는 첨가제 등이 들어가지 않아 담백하다. 부유층은 유명 제과점에서 만든 빵을 사 먹기도 하지만, 에이쉬

+ 에이쉬

는 빈부와 관계없이 구입한다. 부자들도 에이쉬를 구입하려고 국가
가 운영하는 빵 공장에서 줄서서 기다린다.

　반면 에이쉬의 값이 싸다 보니 먹다 남은 빵 조각이 길거리에 버
려져 있는 경우가 있다. 정부는 이런 폐단을 없애기 위해 에이쉬를
포함하여 정부 보조 상품을 차츰 줄여 나가고 있다. 꼭 필요한 저소
득층에만 정부 보조 카드를 발급하는 등 소득에 따른 차별화 정책
으로 전환했다.

03.
커피, 차, 탄산음료

아랍 국가에서는 종교적인 이유로 술이 금기시되어 있다. 그래서 술 대신 터키식 커피나 차, 콜라, 세븐업 같은 탄산음료를 마시는데, 식사할 때뿐만 아니라 피로가 몰려올 때도 마신다.

문제는 커피와 '샤이'(=차)를 마실 때 설탕을 많이 넣는 습관이 국민들의 건강을 해치고 있다는 것이다. 탄산음료도 당분이 많이 들어 있고 말이다. 더운 지방이라 당분 섭취가 피로 완화에 도움을 준다고 해도, 필요 이상으로 자주 마신다. 40세 이상의 성인 중에 당뇨병을 가지고 있는 사람이 반수를 훨씬 넘는다고 한다. 그렇기에 이집트를 비롯한 아랍 국가에서는 성인병 퇴치를 위한 다양한 정책을 내놓고 있다.

04.
볼트

나일강은 아프리카 중부의 빅토리아 호수로부터 대륙을 가로질러 지중해로 나간다. '이집트는 나일강의 선물'이라는 말이 있듯이 약 6,500㎞의 나일강이 없었다면 지금의 이집트도 없었을 것이고 당연히 고대 문명도 생겨나지 않았을 것이다.

나일강은 7월과 8월에 범람하곤 한다. 이때 중부의 비옥한 퇴비가 하류의 삼각주에 쌓인다. 그래서 이집트의 삼각주는 예부터 이집트인의 먹거리를 생산하는 지역이다. 면, 바나나, 오렌지, 목화 등의 농작물과 나일강에서 잡히거나 양식되는 볼트가 유명하다. 볼트는 이집트인들이 즐겨 먹는 민물고기다. 이 국민 생선은 튀기거나 쪄서 먹는다. 그렇지만 우리처럼 탕으로 요리하지는 않는다.

지중해를 끼고 있는 이집트에는 동네마다 생선 전문점들이 있다. 주로 바다 생선을 요리해 팔지만, 볼트도 취급한다. 그만큼 볼트는 이집트 서민들이 애호하는 생선이다. 이집트 정부의 통계에 따르면 2019년 이집트에서 유통된 생선이 182만 톤이었고, 그중 나일강의

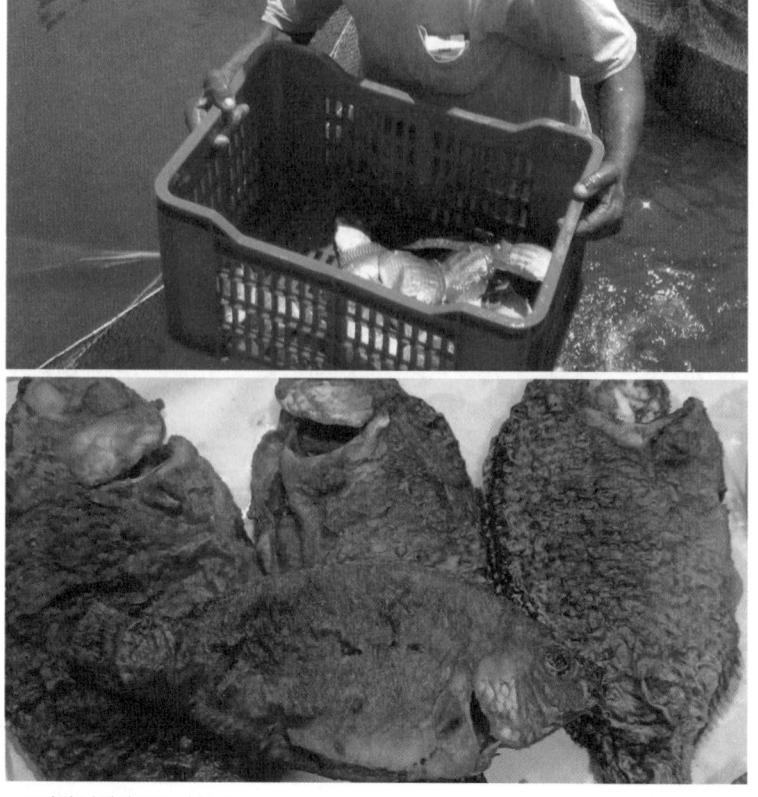

+ 요리된 나일강 물고기 볼트

양식장에서 출하된 민물고기는 145만 톤으로 전체의 약 81%에 달한다고 한다(《알 아흐람》지 2019.10.18. 인용). 이 통계에서도 이집트인들이 볼트를 얼마나 선호하고 소비하는지가 여실히 드러난다. 그렇기에 관련 부서에서 양식장의 비료 및 어장 관리를 철저히 하고 있다.

05.
노점의 아침

이집트의 번화가에는 오전에만 운영되는 노상 음식점이 있다. 사람들이 출근길에 사 먹는 '따히니야 위 베이다'를 파는 이동식 노점이다. 따히니야 위 베이다는 빵 속에 콩을 갈아 튀긴 것과 삶은 것, 야채, 삶은 달걀을 넣은 샌드위치다. 필자가 즐겨 먹었던 음식은 '푸울 베이다'로, 이집트콩을 삶아 으깬 것과 삶은 달걀, 야채를 섞은 음식이다. 이집트 친구들과 함께 차를 곁들여 노상에서 먹었던 기억이 난다. 샌드위치 두 개를 먹으면 저녁때까지 배가 고프지 않았다.

대체로 아랍 사람들은 아침을 집에서 먹기보다는 길거리 노점에서 먹는다. 오른손으로 빵을 '푸울'(=콩 요리)에 찍어 먹는 모습을 쉽게 볼 수 있다. 이 모습이 필자의 눈에는 정겨운 그들만의 공동체 모습 같았다. 만원 버스로 출근하는 사람이나 최고급 승용차로 출근하는 사람이나 같이 식사하는 모습을 어디서나 볼 수 있다. 이것이 그들이 말하는 알라 앞의 만인 평등이며 공동체 의식이 아닐까?

06.
낙타고기

아랍 국가에는 카이로 낙타시장, 시리아 낙타시장, 아부다비와 알
아인 지역 사이의 낙타시장 등등 어디를 가도 낙타시장이 있다.

낙타는 사막에서 인간에게 편리함을 제공하는 동물이어서, 소나

+ 코프타

양처럼 아랍 사람들의 식탁에 즐겨 올라오지는 않는다. 교통수단이 되어 주는 낙타를 고마운 동물이라 여기기 때문인 것 같다.

그래서인지 낙타고기 전문점은 드물다. 낙타고기는 소, 양, 닭고기와 비슷하게 케밥이나 '코프타' 등으로 요리하여 먹는다. 물론 소고기, 양고기, 닭고기보다는 맛이 없지만.

EGYPT

07.
소뼈

이집트에는 정부가 운영하는 정육점이 있다. 이집트에 온 지 얼마 되지 않았을 때 고기를 사려고 정부 운영 정육점에 갔다. 당일 들어온 고기라며 안심과 등심 등을 추천해 주었다.

추천받은 고기를 사고 돌아 나오는데, 한쪽 구석에 쌓여 있는 소뼈가 보였다. 순간 곰국이 떠올라 소뼈는 얼마냐고 물었다. 그랬더니 그냥 가지고 가라면서 무릎뼈 한 덩어리를 건네주었다. 우리나라에서는 있을 수 없는 일이라 당황하자, 소의 뼈는 가축 사료로 사용한다고 설명해 주었다. 고맙게 받아 와 곰국을 해 먹으며 향수병을 달랬었다. 이후에도 고기를 사러 갈 때면 뼈를 덤으로 얻어 와 곰국을 끓여 먹고는 했다.

그런데 한국인들이 고기를 사면서 뼈를 얻어 가는 모습을 본 여러 정육점에서 언젠가부터 뼈를 팔기 시작하였다. 물론 다른 것과 비교하면 저렴하지만 말이다. 특히 꼬리뼈는 아랍 사람들이 좋아하지 않는 부위라서 정육점에 가면 거의 진열대에 있었다. 그런데 한국인들이 꼬리뼈를 좋아한다는 것을 안 다음부터는 정육점 진열장에서 사라졌다. 꼬리뼈를 따로 보관해 두었다가 한국인들이 찾으면 판매 가격보다 아주 비싸게 파는 것이다.

아랍인들은 고기를 살 때 한꺼번에 여러 부위를 많이 산다. 집에 쟁여 둔 고기가 떨어지면 다시 또 한꺼번에 사는 소비 형태를 가지고 있기 때문이다. 그래서 슈퍼마켓이나 정육점에서 현지인이 사는 고기의 양을 본 외국인들은 깜짝 놀란다. 이는 한번에 많은 물품을 구입하여 소비하는 이집트인들의 소비문화가 반영된 것이다. 또한 그들은 월급의 상당 부분을 음식 관련 품목에 소비한다.

08.
아랍인의 식사

이집트 사람들은 대개 아침에 차나 약간의 음식을 들고 집을 나선다. 집에서 미처 아침을 준비하지 못한 사람들은 출근길에 있는 상점 혹은 노점에서 파는 샌드위치 같은 가벼운 음식을 산다. 그리고는 업무를 보면서 차와 함께 아침 식사를 한다. 이런 풍경은 관공서에서도 예외가 아니다. 이집트인들에게는 아침 식사를 하며 일을 하는 게 일상이라, 관공서를 찾는 사람들도 이를 거부감 없이 받아들인다.

점심은 퇴근 후에 먹는다. 먼저 아스르 예배를 드린 다음 가족과 함께 집에서 먹는 경우가 대부분이다. 점심으로는 대개 고기와 채소로 요리한 것을 에이쉬에 싸 먹거나 쌀밥에 비벼 먹는다. 그래서 우리의 비빔밥을 별 거부감 없이 받아들이는 것 같다. 닭고기 요리를 가장 좋아하고, 양고기는 특별한 날에 먹으며, 돼지고기는 절대 먹지 않는다. 칠면조도 특별한 날에 먹는다.

식사할 때는 가족이 모두 함께하는데, 연장자가 먼저 숟가락을 든

이후에 다 같이 식사를 시작한다. 이집트 사람들은 식사하면서 대화를 많이 한다. 일상적인 이야기부터 사생활 이야기까지 전부 이야기한다. 또한 가족끼리 식사할 때는 숟가락보다는 오른손을 주로 사용하며, 고기 요리 등 맛있는 음식은 어른이 분배한다.

후식으로는 달콤한 디저트나 과일을 먹고 차를 마신다. 이때도 대화는 계속 이어진다.

식사를 준비하고 설거지를 하는 것은 주로 아내, 여자들의 몫이다. 그렇지만 장보기는 아내의 요청에 따라 남편이 하는 경우가 많다. 그렇기에 아랍 국가들에서는 재래시장이나 대형마트 등에서 장바구니를 들고 가격 흥정을 하는 남자들을 쉽게 볼 수 있다. 보수적인 남성 중심 사회의 전형이라고 할 수 있다.

+ 이집트인의 대중음식 코샤리

+ 서민들의 식당

이집트
사람들 이야기

EGYPT

01.
처음 만난 아랍 친구들

　처음 카이로에 갔을 때 선배의 추천으로 모로코와 알제리에서 온 대학원생들과 3개월간 자취를 하였다. 방이 세 개 있는 아파트에서 각자 방 하나씩을 사용하며 지냈다. 이때 한국에서 들었던 아랍인의 삶, 특히 아랍 젊은이들의 삶을 제대로 경험하였다.

　수시로 마시는 터키식 커피와 차, 끊임없이 피우는 줄담배, 점심 시간이면 어김없이 찾아오는 친구들. 함께 식사하면서 시작된 세상 돌아가는 이야기는 식사 후 과일과 차를 먹으면서까지 이어졌다. 학업 이야기부터 시작해 종교, 사회, 경제 심지어 드라마까지 다양한 주제의 이야기가 오고 갔다. 그러고 나서는 함께 동네를 산책하고 낮잠을 잔다.

　저녁에는 점심 때 찾아왔던 친구의 집을 방문하기도 한다. 물담배를 피우면서 다시 이야기꽃을 피운다. '도대체 공부는 언제 하지?' 가만히 보니 그들은 듣고 받아 적었던 수업 내용을 친구들끼리 토론하면서 이해하고 기억하는 것 같았다. 따로 시간을 내어 집중적으로 공부하기도 하지만, 토론으로 학습 내용을 숙지하는 것을 좋아했다.

특히 두 명의 룸메이트는 문학이 전공이어서, 본인들이 지은 아랍 시 등을 읊으면서 상대방의 평가를 듣고는 했다.《꾸란》을 암기하듯 공부하는 경우도 있지만, 이렇게 직접 시 등을 토론하는 모습이 색다르게 다가왔다.

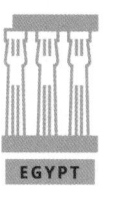

02.
미완의 주택

카이로를 비롯하여 중소 도시에 가면 특이한 건물을 볼 수 있다. 아직 완공되지 않은 4층, 5층짜리 건물에서 3층까지는 사람들이 사는 흔적이 있고, 나머지 층은 철근 골격만 있는 괴이한 모습이다. 흉물스럽기도 하고 위험할 것도 같은 철근 골격만 있는 옥상에는 빨래가 널려 있다.

이런 건물에는 대부분 직계가족이 살고 있다고 한다. 완공이 덜된 상태에서 살다가 여유 자금이 생기면 건물의 나머지 부분을 짓는다. 정부에서도 건물을 빨리 지으라는 행정조치를 취하지 않는다. 물론 일정 기간 안에 완공해야 하지만, 대부분의 이집트인은 시간적 여유를 갖고 천천히 건물을 짓는다.

다세대 가족이 한 지붕 아래 살기 위해 미완의 건물에 입주하는 경우도 있다고 한다. 자식이 어릴 때는 철골 구조만으로 살다가, 장성하여 혼인할 즈음이 되면 나머지 부분을 완공한다고 한다. 여기에는 결혼한 자식과 함께 살기를 바라는 부모의 마음이 숨겨져 있다.

03.
경찰 간부

이집트 젊은이들은 대학 졸업 후 경찰 채용 시험을 응시하는 경우가 많다. 그들은 경찰 간부가 되기를 희망한다. 우리나라의 젊은이들이 공무원 시험에 몰리는 것처럼 이집트에서도 안정적인 직업을 택해 편안한 삶을 살고 싶기 때문일 것이다. 그러나 인재들이 공무원이나 경찰에만 몰리면 다양한 분야의 발전을 이끌어야 하는 국가 입장에서는 손해일 수밖에 없다.

이집트는 일자리가 다양하지 못해 대개 자영업을 하거나 택시 운전, 식당 종업원 등을 해서 먹고산다. 대학을 나와도 일자리 구하기가 어려워서 의식 있고 실력 있는 젊은이들은 보수가 괜찮은 경찰 간부가 되고자 한다.

04.
수박 장수 무함마드

이집트의 공식적인 인구는 2019년 기준 약 1억 명이라고 한다. 정부의 공식 집계에 안 잡히는 유동 인구가 많아서 1억 명은 족히 넘을 것으로 추정한다. 사람들의 왕래가 잦은 카이로의 한 동네 길목에서 장사하는 무함마드도 이런 유동 인구 중 한 명이다. 그는 부모와 가족을 떠나 카이로에 돈 벌러 왔다고 한다.

우리나라의 가락시장 같은 과일, 채소, 생선까지 도매로 사고파는 집하장에서 이른 새벽 과일과 채소를 도매로 사서 소매로 파는 무함마드. 아침부터 저녁까지 물건을 팔고, 집하장으로 가서 대기했다 물건을 사는, 톱니바퀴 돌아가는 듯한 일상을 살고 있다. 부모님이 계시는 시골에 가서 농사짓는 것이나 이렇게 사는 것이나 힘들기는 매한가지이지만, 농사는 수입이 적어 가계에 보탬이 되지 않는다고 한다. 또한 결혼하려면 결혼 자금을 마련해야 하고, 작은 집이나 땅도 있어야 하니 카이로에서 이렇게라도 돈을 벌어야 한다고 했다.

문제는 젊은이들이 제조업 같은 건설적인 일보다는 하루 벌어 하루 사는 일용직으로 살고 있다는 점이다. 그래도 무함마드는 힘든 내색 하나 없이 사람 얼굴보다 더 큰 수박을 칼로 반을 갈라 잘 익었다며 사기를 권유한다.

　"바띠크(=수박) 쿠웨이스(=good)!"

05.
미케니키

이집트에는 '미케니키'(=기술자)를 꿈꾸는 어린이들이 있다. 정부에서는 어린이들이 노동 현장에서 일하는 것을 금지하고 있으나, 한계가 있다. 어린이들이 소형 자동차 정비소에서 부품에 기름칠하는 것부터 부품을 분해해서 청소하고 다시 조립하는 일을 배우는 것을 종종 볼 수 있다. 정비를 체계적으로 공부하는 것이 아니라 정비사에게 어깨너머로 배운다. 그들에게 학교에 가서 공부해야 하지 않느냐고 물으면, 기름때 묻은 얼굴로 환하게 웃으면서 정비소에서 자동차 수리 기술을 배우는 것이 더 좋다고 대답한다.

미래의 자동차 정비소 주인을 꿈꾸는 아이들은 '미케니키'가 되기 위하여 학교 대신 정비소를 택했다. 그들에게 자동차 정비를 가르쳐 주는 정비소 주인도 이 아이들처럼 어릴 때부터 자동차 정비 기술을 몸으로 배웠다고 한다.

다른 듯 닮은 이집트 이야기

06.
고장 난 차 돕기

필자가 유학 시절 타고 다녔던 차는 피아트였다. 오래된 모델인데다 기어 조작도 수동이어서 간혹 예상치 못한 사고로 길거리에서 멈출 때가 있었다. 하루는 퇴근 시간에 고가도로에 진입하기 위하여 가다 서다를 반복하고 있는데, 갑자기 시동이 꺼졌다. 핸드브레이크를 잡고 자동차를 세운 다음 차에서 내렸다. 내 차 뒤로 많은 자동차가 밀려 있었다. 몇몇 차들은 조용히 내 차를 피해 지나갔다. 그러다한 자동차가 멈춰 서더니, 운전자가 내려서 내 차 상태를 점검해 줬다. 그도 바쁘게 어딘가를 가고 있었을 텐데, 동양인이 혼자 어쩔 줄몰라 하는 모습에 내린 것 같았다. 그는 간단히 무엇인가를 조작한 뒤에 시동을 켜 보라고 했다. 신기하게도 시동이 켜지고 차가 움직였다. 그러면서 임시방편으로 고친 것이니 바로 정비소로 가라고 얘기해 주었다.

한여름에 자동차 타이어가 펑크 난 적도 있었다. 갓길에 차를 세우고 타이어를 갈고 있었는데, 차 한 대가 멈춰 섰다. 차에서 내린운전자는 팔을 걷어붙이고 땀을 흘리며 타이어를 갈아 주었다. 카이

이집트 사람들 이야기

166
167

로 시내 도로에서도 타이어를 갈아 주는 모습이 자주 목격된다. 특히 운전자가 여성일 경우 지나가는 차량이 멈춰 타이어를 갈아 주는 것을 더 쉽게 볼 수 있다. 자신의 가족 중 여성이 운전하면서 겪을 수 있는 일이라 여겨 그러는 것 같다. 이렇듯 남을 배려하는 모습은 물질만능주의, 개인주의 시대에 한 번쯤 생각해 봐야 하는 장면이다.

07.
1박 2일 시골 체험기

카이로에서 약 100㎞ 떨어진 친구 집을 방문할 기회가 있었다. 친구 집으로 가기 위해서는 큰 마을 정거장에서 내려 마이크로 버스로 갈아타야 했다. 이집트에서는 큰 마을의 정거장까지만 대형 버스가 운행되어서, 그 도시 주변의 작은 마을에 가려면 12인승 혹은 5인승 버스를 타고 가야 한다.

작은 버스에는 동네의 아낙네, 어르신, 어린이들이 같이 타기 때문에 마을의 소식을 자연스럽게 알게 된다. 사랑방 버스라고 해야

\+ 마이크로 버스

할까, 버스에 탄 사람들은 서로 다 아는 것 같았다. 안부를 묻고, 집안의 우환에 대해 함께 걱정하고 아파하는 모습이 우리네 시골의 정겨운 모습을 떠올리게 했다.

아니나 다를까 버스를 함께 탄 동네 사람 중 먼저 내린 사람이 동양인 한 명이 누구 집에 놀러 왔다는 것을 알렸나 보다. 차에서 내려 동네 안으로 들어가니, 아이들이 어디서 왔냐고 영어로 물어본다.
"차이니스(=중국)?" "야바니(=일본)?"

친구 집에 도착하여 부모님께 인사를 드리고 친구 방으로 갔다. 친구 방은 대문 옆방이었는데, 방 안으로 들어가니 허리 높이의 침대가 눈에 들어왔다. 벌레들이 올라오는 것을 막기 위해 침대를 높이 설치했다고 했는데, 진흙으로 잘 다져진 바닥을 보고 나니 쉽게 이해되었다. 벽도 흙으로 만들어졌다. 흙집이 여름에는 시원하고, 겨울에는 따뜻하다고 한다.

점심은 오후 3시경에 먹었다. 친구의 형제들이 하나둘 귀가했다. 집안의 여성들은 안채에 있어 몇 명인지 알 수 없었다. 집안의 남성들이 다 도착하자 식사를 할 수 있었다. 친구와 함께 바깥채에 마련된 방으로 갔다. 먼저 손을 깨끗이 씻고 원탁에 둘러앉았다. 집안의 어른이 "비스밀라하"(=알라의 이름으로)라고 한 다음, 앉아 있는 식구들에게 고기 요리를 배분하고 먹을 것을 권했다. 오른손으로 감자와 토마토, 고기가 혼합된 수프에 빵을 찍어 먹는다. 손으로 먹는 식사는 처음이라 힘들어했더니 친구가 포크와 숟가락을 갖다주었다. 식사 후 디저트로 과일을 먹고 방으로 왔더니, 친구가 차를 마시라고 권했다.

차도 마시고 배가 부르자 친구가 동네 구경을 시켜 준다고 했다. 동네의 좁고 포장이 안 된 골목을 구경하다가 친구의 친척 집을 방문했다. 집안의 작은아버지라고 한다. 아랍에서는 아버지와 어머니의 형제들을 '암무' 혹은 '암마'라 한다. 번역하면 아저씨 혹은 아줌마쯤 된다. 작은아빠, 엄마라 구분해 부르는 우리와 달리 모두 아저씨, 아줌마라 한다.

친구의 작은아버지가 두루마리 파피루스를 보여 주었다. 집안의 족보란다. 내 친구는 몇 대손쯤 된다고 하는데, 우리처럼 숫자로 표현하는 것이 아니라 누구의 아들의 아들, 그 아들의 아들이라고 표현한다. 그렇게 몇 대를 거슬러 올라가 최초의 조상 할아버지의 이름을 알려 주면 끝이 난다.

아랍인들의 이름이 긴 이유는 자신의 성과 이름을 먼저 말하고, 그다음 아버지, 할아버지 이름 등을 같이 말하기 때문이다. 서류 등

+ 카악

에 이름을 적을 때는 보통 할아버지 이름까지 사용한다. 이집트나 아랍 국가는 부족 사회여서 씨족 조상들의 계보를 갖고 있다. 지금껏 씨족 간의 굳건한 단결, 결속 등을 지켜 올 수 있었던 것은 가계를 중요시하는 풍습 때문임을 알 수 있다.

+ 잘라비야를 입은 부부

작은아버지 댁에서 직접 만든 '카악'(=과자)과 차를 마시고 일어났다. 어느덧 밤 10시가 넘은 시각이었다. 시골이라 골목에는 드문드문 가로등이 설치되어 있었다. 친구와 한참을 걸어 마을 끝인 사막과의 경계 지역까지 갔다. 사무실 같은 곳에서 마을 청년들이 얘기를 나누고 있었다. 마을 지킴이인 그들의 손에는 장총이 있었다. 게다가 '잘라비야'(=겉옷) 주머니 속에도 실탄이 장전된 권총을 소지하고 있었다. 마을 청년들이 순번을 정해, 해가 지고 나면 아침이 밝을 때까지 마을을 지킨다고 한다. 청년들이 자체적으로 부족을 보호하는 것이다. 친구 집으로 돌아오는데 어두워서 길을 벗어났었나 보다. 갑자기 저 멀리서 "민(=누구냐)?"이라는 소리가 들렸다. 친구가 이름을 대자 반갑게 인사를 하며 헤어진다. 마을 지킴이 대원이었나 보다.

집으로 돌아와 높은 침대에서 잠을 청하였다. 자다가 손목과 허리가 너무 가려워 일어났더니, 벼룩들이 손목시계 주변에 붙어 있었다. 흙 위에 침대가 놓여 있어 그런 것 같았다. 게다가 천장에서 부스럭거리는 소리가 나서 잠을 설쳤다. 지붕 위에 가축들을 사육하고 있었기 때문이었다. 닭, 염소, 양 등이 자유롭게 지붕을 왔다 갔다 했으니 조용할 수가 없었겠지.

아침 식사로 밀가루를 반죽하여 만든 빵과 치즈를 차와 함께 먹고 다시 동네 구경에 나섰다. 또 다른 친척 집을 방문하였다. 그 지역 공무원인 친척은 두 명의 아내를 두고 있었다. 둘로 나누어져 단층으로 된 집에는 대문이 두 개 있었다. 한 문은 큰 아내, 다른 문은 작은 아내의 출입문이었다. 안채에는 두 부인이 사는 집을 연결하는 작은 문이 있었다. 그는 큰 아내의 허락을 받고 작은 아내를 맞이하였다고 한다. 큰 아내가 첫딸을 낳은 다음부터 아기를 갖지 못해 새 아내를 얻게 된 것이다.

점심 식사 시간이 되자 큰 아내는 자신이 만든 요리를 아이의 손에 들려 작은 집으로 보냈다. 남편이 식사를 작은 집에서 하기 때문이다. 큰 아내도 함께 식사하는 게 어떻겠냐고 했더니, 자기네 전통은 큰 아내를 부르지 않는 것이라고 했다. 그는 작은 아내와 양 집의 자식들과 함께 식사한다고 한다. 큰 아내는 혼자 식사를 하고, 잠도 특별한 경우를 제외하고는 작은 집에서 잔다고 한다.

1박 2일 동안 살펴본 이집트 시골의 모습과 가족 간의 정은 우리의 시골 모습과 차이가 없었다. 단지 언어, 피부색, 환경만이 다를 뿐이었다. 사람 사는 모습은 어디든 비슷한 것 같다.

EGYPT

08.
기차 지붕 탑승

객차 안이 발 디딜 틈 없이 꽉 차면 일부 승객들은 기차 지붕으로 올라간다. 덩달아 차장도 요금을 받으러 지붕 위로 올라간다. 한여름 무더위를 피해 객실의 지붕 위로 올라간 승객들도 있다. 이 모든 상황에도 기차가 운행된다는 사실이 놀랍다. 달리는 기차의 지붕 위에 있는 승객들이 얼마나 위험할지는 상상한 그대로다. 정부에서 금지하고 있지만, 찌는 듯한 만원 객실을 피해 지붕으로 올라가는 걸 막을 수는 없나 보다. 때때로 기차가 긴급 상황으로 갑자기 멈추는 바람에 지붕에서 사람들이 떨어져 사상자가 발생했다는 신문 기사가 전해지기도 한다.

카이로와 근교의 도시를 연결하는 출퇴근 기차에서도 위험을 무릅쓴 지붕 승차가 이루어진다. 지방 도시와 연결된 교통수단이 12인승 마이크로 버스 등이 대부분이어서 출퇴근 시간에는 턱없이 부족하다. 그렇기에 사람들은 요금은 저렴하고 많은 인원을 수송하는 기차를 선호한다.

EGYPT

09.
중재

이집트에서는 길거리에서 두 사람 간에 언쟁이 벌어지면 지나가던 사람들이 남녀노소 가릴 것 없이 끼어들어 훈수를 들며 화해를 시킨다. 운전하다가도 운전자들이 도로에서 싸우는 모습이 보이면, 가던 길을 멈추고 둘 간의 싸움을 참견한다.

이집트인들은 외국인과 자국인이 싸울 때도 훈수를 둔다. 이때 자국인이 잘못했다는 생각이 들면 외국인에게 참으라고 하면서 자국인을 돌려보낸다. 문제는 확실하게 자국인이 잘못한 경우를 제외하고는 대부분 외국인에게 잘못이 있다고 한다는 것이다. 그렇기에 중재에 말려들지 말고 경찰서로 가자고 하면서 주변의 다른 사람들에게 도움을 청해야 한다. 다소 외국인이 손해를 보는 것 같지만, 만일 아무도 싸움을 말리지 않고 무관심하게 지나갔다면 어떻게 해결해야 할지 막막할 것이다.

이렇듯 이집트를 비롯한 아랍에서는 두 사람이 싸우면 지나치지 말고 중재해야 한다는 것이 그들의 종교적 전통이다.

10.
유연 DNA

카이로 시내에서는 외국인에게 다가와 말을 거는 아이들을 만날 수 있다. "핫츠 유아 네임? 핫 타임 잇츠 나우?" 하면서 대답하기도 전에 깔깔대고 웃으며 도망간다. 이집트는 세계적인 관광 국가로, 2010년 아랍의 봄이 일어나기 전까지 연 1천5백만 명 이상의 관광객이 방문하였다.

"1달러! 1달러! 싸요! 안녕하세요?"라는 한국어로 말을 거는 상인들도 볼 수 있다. 영어, 프랑스어, 이탈리아어, 독일어, 중국어, 일본어 등 이집트를 방문하는 관광객이 많은 나라의 간단한 언어를 숙지하고 적극적으로 외국인에게 다가간다. 오랜 세월 주변 여러 강대국의 침략과 교류가 빈번해, 외국인을 대하는 것에 두려움이 없고 유연하다. 이런 성향이 뼛속 깊숙이 유산으로 내려오는 것 같다.

또한 고대 문명 국가로서의 자긍심이 커서 다양한 인종의 사람들이 방문해도 당당히 대하는 것 같다는 생각도 든다.

EGYPT

11.
외화벌이

1980년대 중반 카이로대학교 정경대학을 졸업한 동료의 형은 은행 경비원을 하고 있었다. 그는 이집트에서는 장래가 불투명하다면서 유럽으로 돈을 벌러 간다고 했다. 물론 불법이었다. 당시 한국 돈으로 1백만 원만 주면 비자 없이 야심한 밤에 지중해를 가로질러 이탈리아 혹은 프랑스 해변에 내려 주는 브로커가 있다고 했다. 무사히 지중해를 건너면, 도착 즉시 다른 브로커가 가고자 하는 곳에 데려다준다고 한다.

이집트, 아니 아랍의 서민들은 유럽 비자를 받기가 어렵다. 특히 노동 비자는 거의 나오지 않는다고 한다. 매년 아프리카 대륙의 젊은이들이 카이로, 튀니지, 모로코 등으로 와 전문 브로커에게 돈을 지불하고 목선이나 고무보트 등 안전이 담보되지 않은 배를 타고 지중해를 건너간다. 지중해를 건너다 목숨을 잃는 경우도 비일비재하며, 목적지가 눈앞인데 유럽의 경찰에게 잡혀 추방되는 경우도 많다. 그래도 아랍과 아프리카 청년들은 목숨을 걸고 유럽의 일터를 찾아 나선다.

얼마 후 친구는 형이 무사히 이탈리아에 도착하여 돈을 벌기 시작했다고 전했다. 불법 체류자들은 주로 유럽인들이 기피하는 고층 건물 유리창 닦기 등의 업종에 취업한다고 한다. 그들의 꿈은 현지 여성과 결혼하여 국적을 취득하고 유럽에서 정착하는 것이다. 이집트를 포함한 아랍 국가들은 복수 국적을 인정하고 있어서 그들의 유럽 국적 취득은 간절하다. 그래서인지 이집트의 부호들 중 다수가 복수 국적 소유자다.

이집트에서는 국내의 일자리가 부족하고 처우가 나빠, 남녀 구분 없이 일을 찾아 해외로 떠나고 싶어 한다. 그렇기에 아랍 국가들은 자국의 젊은 노동력을 흡수할 수 있도록 경제적 투자를 확대해야만 한다. 그 길만이 양질의 노동력이 해외로 나가지 않도록 하는 유일한 방법이다. 반면 이집트는 수단, 에티오피아, 카메룬, 콩고 등의 젊은이들이 돈을 벌러 오는 희망의 나라이기도 하다.

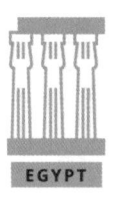

12.
리다의 카림

내 친구 리다는 공립중학교 선생님이다. 이집트는 교육 분야에서
도 양극화 현상이 극명하게 나타나, 공교육은 무너지고 사교육이 활
성화되었다.

공립학교는 무상교육이어서 교사의 임금이 다른 직종에 비해 적
다. 그렇기에 대부분의 교사는 퇴근 후 개인 과외를 한다. 지금은 금
지되었지만, 우리나라에서도 1980년대 초까지 교사의 과외가 허용
됐었다. 이집트 청소년들도 늦은 시간까지 과외를 받느라 고달프고,
학업에 대한 스트레스도 많다.

이집트 공립학교 교사의 월급은 과거 사회주의 노선 때 책정되었
던 공무원의 임금이 기준이다 보니, 현 물가수준이 전혀 반영되지
않는다. 그렇기에 정부에서도 교사의 과외를 그냥 둔다. 교사의 자
제들도 동료 선생님에게 과외 지도를 받는 상황이어서, 과외로 번
수입을 다시 과외에 투자하는 셈이다.

+ 아랍인의 손님 접대

    리다도 방과 후에 개인 과외를 한다. 밤늦은 시간까지 이 집 저 집 돌아다니며 학생을 지도한다. 넉넉하지 않은 살림임에도 과외로 번 돈으로 자선까지 한다. 길거리에서 구걸하는 거지를 보면 그냥 지나치지 않고 도움을 준다. 집에 돌아갈 교통비를 거지에게 주고 자신은 걸어서 귀가하기도 한다.

    리다는 필자와 함께할 때면 뭐든지 자신이 비용을 지불한다. 이런 일이 반복되어서 공동으로 비용을 내자고 제의했더니, 필자가 손님이기 때문에 자기가 대접해야 한다며 공동 부담은 안 된다고 했다. 아랍인의 전형적인 손님 접대의 모습이다. 손님을 대접하는 것을 아랍어로 '카림'이라 한다. 황폐한 사막에서 사람을 만났을 때 얼마나 반갑겠는가. 이 마음이 전통으로 굳어져, 손님을 반갑게 맞이하며 융숭하게 대접한다. 황량한 사막에서 만난 사람들끼리의 동질감이라 할까?

EGYPT

13.
꽃 사랑

이집트에는 시내 중심가나 동네 입구에 꽃집이 많다. 이집트인들은 사무실이나 집을 방문할 때, 혹은 파티에 갈 때 대개 꽃을 들고 간다. 연인을 만날 때나 행사장, 결혼식장 등에도 빠짐없이 꽃이 등장한다. 국내에서 재배되는 꽃도 있지만, 대부분은 가까운 유럽에서 수입해 온다. 그래서 물가수준보다 꽃값이 비싸다. 그런데도 이집트 사람들은 꽃 선물하기를 즐긴다.

14.
생활의 여유

출근길에 도로변에서 손가락으로 원을 그리는 사람을 처음 봤을 때 엄청 신기했다. '혼자서 뭘 하는 거지?' 가만히 살펴보니 그는 마이크로 버스의 기사와 손으로 의사소통 중이었다. 그의 수신호에 대한 답으로 기사는 손가락을 좌우로 흔들었다. 또 다른 사람은 삼각형 모양으로 수신호를 보냈다. 그러자 그 사람 앞에 버스가 정차하였다.

나중에 친구에게 수신호의 내용을 듣게 되었다. 첫 번째 원 모양의 수신호는 시내 중심 광장 정거장에 가는 것이냐는 의미였고, 두 번째 삼각형 모양의 수신호는 피라미드에 가는 것이냐는 의미라고 한다. 행선지가 다른 코스일 때는 기사가 손가락을 좌우로 흔들고, 행선지가 손님이 가고자 하는 곳일 때는 멈춰 선다. 이 밖에 여러 수신호가 있는데, 가만히 보고 있으면 경매장에 있는 것처럼 느껴진다.

마이크로 버스의 정거장은 정해져 있지 않아서, 수신호를 주고받아 승객을 태운다. 또한 행선지가 같은 승객이 있어도 빈 좌석이 있을 때만 정차한다. 우리나라와 비교하면 무질서해 보이지만, 별 불만 없이 이용하는 것을 보면 여유로운 정이 느껴진다. 이처럼 도로변에서 언제 올지 모르는 차를 느긋하게 기다리는 모습을 보면 우리의 바쁜 일상을 되돌아보게 된다. 정형화된 규칙에 맞추어 사는 우리의 일상생활 속에서 잠깐이라도 여유를 가져 보면 어떨지….

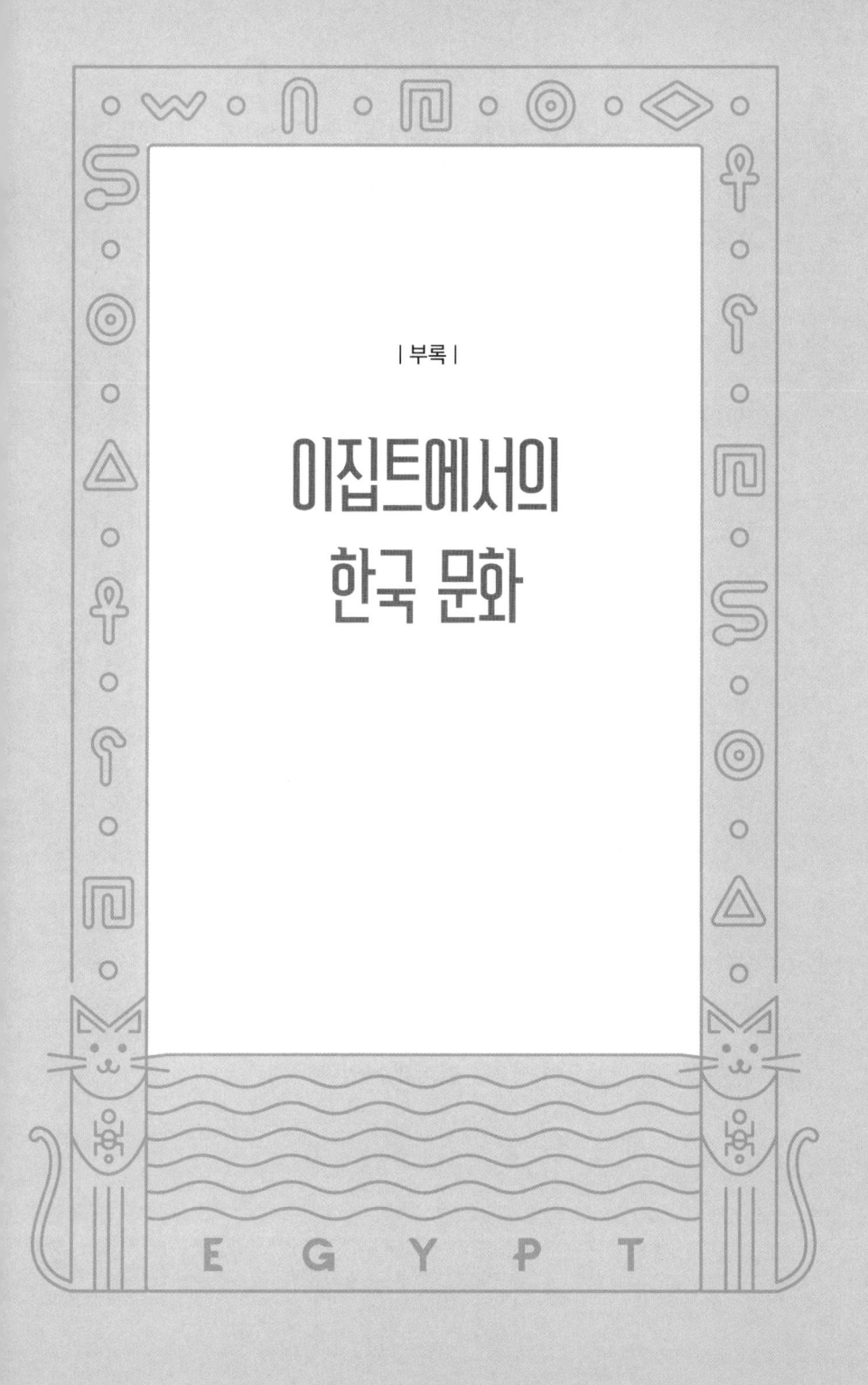

| 부록 |

이집트에서의
한국 문화

EGYPT

요즘 이집트의 젊은 세대들은 스마트폰을 활용하여 다른 나라의 문화를 쉽게 접한다. 정부에서도 무선 통신망 비용을 저렴하게 유지하여 인터넷 접속을 장려한다. 스마트폰이 보급되기 전에는 지리적으로 가까운 유럽의 문화를 동경하고 따라 했지만, 동양 문화에 대한 호기심이 높아지고 있는 실정이다. 물론 여전히 이집트를 비롯한 아랍의 상류 사회는 서구 문화를 동경한다. 그러나 대부분의 국민은 이슬람 문화나 아랍의 전통문화 등과 다른 서양 문화와의 괴리감 때문에 동양 문화를 선호한다. 특히 이슬람 문화권인 말레이시아나 인도네시아 문화와 경제력, 기술력이 선진국 대열에 있는 한국과 일본 문화에 대한 관심이 매년 증가하고 있다.

2002년 한국과 일본이 공동으로 월드컵을 개최하자, 이집트인들은 한국에 대해 다시 보기 시작했다. 아시아 어디에서도 개최하지 못한 월드컵이 한국에서 개최되는 것을 보고 놀랐다. 1988년 서울에서 올림픽이 개최되었을 때만 해도 그저 한국에서 올림픽을 하나 보다 했지만, 전 국민이 좋아하는 월드컵이 한국에서 열리는 것은 충격 그 자체였다. 이를 계기로 남한보다는 북한과 더 친근한 관계의 이집트가 한국으로 시선을 돌리게 되었다.

언론이나 방송에서 한국의 정치, 사회, 문화 등 다양한 분야를 소개하기 시작하였다. 특히 2004년 주재국 지상파 국영방송은 중동 아랍권 최초로 한국 드라마를 방영하였다. 2004년에는 〈가을동화〉, 2005년에는 〈겨울연가〉가 이집트 전역에 방영되었는데, 황금 시간대인 오후 9시에 전파를 탔다. 이 두 드라마는 이집트 여성들에게 선풍적인 인기를 얻었다. 영상에서 흘러나오는 한국의 사계절, 주인공들의 절제된 표현과 감성을 건드리는 줄거리, 특히 가정 중심의 이야기 전개 등은 이집트 국민 정서를 흔들었다.

한국 드라마가 이집트에서 방영된 이후, 아랍 국가들은 위성 채널을 통해 한국 드라마를 내보냈다. 배우들의 연기는 아랍어로 더빙 혹은 자막으로 처리하였다. 이집트 여성들은 생소한 한국어로 만들어진 드라마임에도 불구하고 스토리에 공감하면서 푹 빠져들었다. 언어는 몰라도 전반적인 분위기, 배우들의 표정과 행동 등을 통하여 마음으로 이해한 것이다.

지금도 중년 여성 중에는 한국 사람을 만나면 〈겨울연가〉 이야기를 꺼내는 사람들이 있다. 그녀들이 젊은 시절에 본 한국 드라마의 여운이 아직도 남아서다. 저 멀리 극동에 위치한 미지의 나라. 일본과 별 차이가 없으리라 생각했던 그녀들에게 한국 드라마는 너무나 충격적이었다. 짜임새 있고 도덕적이면서 감성을 건드리는 스토리와 아름다운 영상은 이집트 드라마와 많이 달라 그녀들의 마음을 훔치기에 충분했다.

아랍 드라마는 대개 종교와 관련한 내용이거나 계몽, 훈시 등을 담은 단순한 스토리여서 감정을 자극하는 한국 드라마와 아주 다르다. 한국 드라마는 환경으로 인해 받은 제약을 극복하는 주인공들을 보여 주니, 대리 만족을 느끼며 환호하지 않을 수 없었다. 특히 중요한 것은 그들의 가족 중심 문화를 훼손하지 않고 절제된 표현을 했다는 점이다.

한국 드라마가 처음 방송될 때는 스마트폰이 보편화되지 않아 국가에서 정한 스케줄에 맞춰 TV를 시청했지만, 요즘은 스마트폰으로 아무 때나 다양한 한국 드라마를 보고 있다. 젊은 여성들은 한국 배우의 동작 및 대사 하나하나에 집중하고, 감성으로 한국어 대화의 의미를 이해하면서 드라마 속 주인공이 되었다.

자연스럽게 한국어에 대한 관심이 커져, 한국어를 배우고자 하는 이집트 젊은이들이 매년 증가하고 있다. 덩달아 가사가 한국어로 된 K-POP에 대한 관심도 높아졌다. 흥이 많아 모임에서 노래와 춤을 즐기는 이집트인들에게 K-POP은 또 다른 즐거움이다. K-POP 아이돌의 군무가 이집트 청소년들의 마음에 자리 잡은 것도 흥 DNA 때문이다. 이집트인들은 어릴 때부터 결혼 파티 등 축하의 자리에서 부모와 함께 춤추며 노래한다.

우리나라 아이돌 가수 '슈퍼주니어', '동방신기', '소녀시대', 'BTS' 등의 팬클럽이 결성되었고, SNS로 정보를 나누고 주기적인 만남도 갖고 있다. 한류 팬들끼리 인터넷상에서 춤이나 노래 가사 등을 공유하다 보니, 한국어 가사의 의미를 정확히 이해하기 위해 한국어 공부의 필요성을 느끼기 시작하였다.

이집트 정부는 2005년 아랍권에서는 최초로 한국어 전공학과를 아인샴스대학교 통역대학에 개설하였다. 이 학교를 지원한 학생 중 가장 우수한 성적의 학생들이 한국어과에 입학한다고 한다. 지금은 한국어과 개설 전부터 있었던 중국어와 일본어과보다 한국어과를 선호한다. 2009년에는 석박사 과정이 개설되었고, 2018년에 드디어 한국어 문학박사 1호가 배출되었다. 주변의 아랍 국가에서 이집트인 한국어 박사가 아랍 학생들에게 한국어를 지도할 날도 멀지 않았다.

일반인을 대상으로 한 한국어 강좌는 1995년 양국이 외교 관계를 수립한 후 대사관에 개설되었다. 초기에는 20~30명의 희망자로 시작했는데, 2004년 한국 드라마가 방영된 이후에는 수강생이 급격히 늘었다. 40명 정원에 800여 명이 지원하는 상황까지 되었다. 2014년에는 한국문화원 개원에 맞춰 세종학당을 설치하여, 한국어를 배우고 싶어 하는 일반인을 위한 강좌를 개설하였다. 이 또한 매년 수강 희망자가 증가하고 있다.

이집트 중부 중소 도시인 이스마일리아에서는 매년 정기적으로 '한국문화의 날'을 개최한다. 행사 중 "안녕하세요?"라는 서툰 한국말이 들려서 고개를 돌려 보았다. 한 중학생이 방긋 웃으며 인사를 건넨다. 어디서 한국말을 배웠냐고 물었더니, 한국 드라마를 보고 배웠다고 했다. 대사를 다 알아듣지는 못하지만 배우의 표정, 상황을 보고 이해하고 있다고 했다. 상황 설정은 달라도 정서는 비슷하고, 드라마의 소재가 이집트에서도 일어날 수 있는 것이라서 찾아보는 즐거움이 있다고도 했다. 한국인들도 자신들과 비슷한 일상을 살고 있다고 느끼게 되는 것이 한국 드라마의 인기 요인인 것 같다.

전 세계에 불고 있는 한류 열풍의 또 다른 중심인 K-POP도 이집
트에서 청소년을 중심으로 널리 퍼져 있다. 한번은 한국인이 주로
거주하는 주택가의 공공 도서관에서 K-POP 경연대회가 개최되었
다. 참가자들은 일찍부터 경연장에 나와 스피커에서 흘러나오는 리
듬에 맞추어 노래 연습을 했다. 그들 사이에는 행복한 웃음이 끊이
지 않았다. 400여 석 규모의 공연장은 공연 시작 30분 전에 만석이
되었고, 팬클럽별로 옷을 맞춰 입고 스타의 사진 등을 들고 모여 응
원하였다. 공연장에 입장하지 못한 팬들은 홀에서 흘러나오는 음악
소리에 장단을 맞추었다.

현지인들만 참가한 이집트인 K-POP 경연대회였지만, 공연장은
우리나라의 공연장과 똑같았다. 이집트 팬들은 좋아하는 K-POP 그
룹의 이름을 부르며 환호하였다. 환호성이 얼마나 큰지 옆 사람과의
대화가 불가능할 정도였다. 아랍 사람들은 흥이 있는 민족이라는 것
을 다시금 느꼈다. 경연 참가자들은 긴장하지 않고 그동안 갈고닦은
노래와 춤 실력을 유감없이 발휘하였다. 우리나라 언론사의 현지 특
파원들도 열띤 취재 경쟁을 벌였다.

K-POP 경연대회는 2011년부터 연례행사로 공공 도서관이나 예술대학교의 강당을 빌려 개최하고 있다. 2017년에는 이집트 제2의 도시인 알렉산드리아 도서관 대극장에서 경연대회가 개최되었다. 1,800여 석의 좌석을 갖춘 알렉산드리아 대극장은 주최하는 입장에서는 부담을 느낄 정도로 규모가 크다. 그러나 공연 시작 2시간 전부터 알렉산드리아 도서관 밖에 한류 팬들이 모이기 시작하더니 순식간에 인산인해를 이루었다. 도서관의 보안 요원들이 깜짝 놀랄 정도였다. 그들은 한국에서 공연하러 오는 것이냐고 묻기도 했다.

전 좌석이 만석이 되었다. 부모와 같이 온 팬, 친구와 함께 온 팬 등이 좋아하는 K-POP 그룹 사진을 들고 입장하였다. 삼삼오오 모여 앉아 공연 시작 전부터 그룹 이름을 부르며 공연장을 뜨겁게 달궜다. 공연이 시작되자, 공연장이 떠나갈 듯한 함성이 터져 나왔다. 한류 팬들은 의자에서 일어나 떼창을 하며 흥을 돋웠다. 공연장의 열기에 놀란 도서관 보안 담당관이 걱정의 눈짓을 보냈지만, 한류 팬들은 질서와 규칙을 잘 지킨다고 안심시켰다. K-POP 경연대회가 카이로뿐만 아니라 알렉산드리아에서도 개최되다니…. 언제 이렇게 한국 문화가 이집트 전역에 알려졌나 싶어 가슴이 벅차올랐다.

또한 이집트에서 한식과 한복을 주제로 한 행사가 열리기도 했다. 이슬람 국가에서의 요리 관련 행사는 매우 조심스럽다. 음식에 들어가는 재료들이 하람인지를 체크해야 하기 때문이다. 한국문화원 내 요리 강좌를 신설할 때도 마찬가지였다. 예상외로 희망자가 많아 선착순으로 수강생을 접수, 요리 강좌를 시작하였다. 불고기, 비빔밥 등의 요리 위주 강좌에 주부, 학생, 남성도 수강하여 한국 요리를 배웠다. 한국인 요리사와 현지인 요리사가 교대로 교육을 담당하여 큰 호응을 얻었다. 현지인 요리사가 한국 음식 재료의 할랄 성분을 수강생들에게 설명하여 한국 음식에 대한 거부감을 없앴던 것이 주효했다. 불고기와 비빔밥은 아랍인들이 좋아하는 한식이다. 비빔밥에 사용되는 채소는 할랄이고, 소고기나 닭고기도 이슬람식으로 도살된 것으로 사용하기 때문에 모든 아랍인이 쉽게 접근할 수 있다.

한식을 알리기 위한 K-FOOD 페스티벌도 개최된다. 기억이 나는 우승자는 자동차 세일즈맨으로, 그는 평소 요리에 관심이 많아 퇴근 후 요리 학원에 다녔다고 한다. 대회 우승 후 한식 요리사가 되어 아랍권 지역에 송출되는 오락 프로그램의 전속으로 출연, 한국 음식을 시청자들에게 소개하고 있다.

2017년에는 현지 요리사협회 공동으로 문화 및 언론계 인사를 초청한 한식 페스티벌을 개최하였다. 서울에서 요리사를 초빙하여 한국 음식 원 포인트 강좌 및 한식 체험 행사를 진행하였다. 원 포인트 강좌에서는 현지인들이 좋아하는 마카로니 요리와 유사한 한국식 국수 요리법을 제공해 아랍 요리사의 호기심을 자극하였다. 후식으로는 아랍 대추야자로 수정과를 만들어 참석자들의 호응을 얻었다. 방송국에서도 관심을 두고 취재하여 한국 음식이 일본과 중국, 이집트 음식과 무엇이 비슷하고 다른지를 심도 있게 다루었다.

오방색으로 만들어진 한복을 소개하기 위한 한복 패션쇼도 개최되었다. 한복 패션쇼의 모델을 한류 팬 중에서 모집한다는 공고를 SNS에 올리자마자 수십 명이 신청하였다. 한복 패션 전문가를 서울에서 모셔와 선발된 한류 팬을 상대로 3일간 워킹 특강을 하였다. 선발된 한류 팬들은 어려운 모델 워킹을 따라 하면서도 즐거워하였다.

한복 패션쇼는 나일강변에 위치한 힐튼 호텔에서 개최되었다. 국영방송의 여자 아나운서가 한복을 곱게 입고 사회를 보았다. 현지 디자이너와 문화잡지 기자, 언론인 등이 함께하며 행사를 축하하였다. 행사에 참석한 한 유명 디자이너는 한복 색깔이 원색적이고 아름답다며, 향후 아랍 의상과 콜라보 작업을 해 보고 싶다고 했다.

현지 패션 전문기자는 한국 여성들도 예전에는 머리와 얼굴을 가리고 다녔다는 사실을 보도하면서, 가리개의 이름은 '쓰개치마'라는 기사를 실었다. 그렇기에 한국과 이집트는 여성 의상에서 동양 문화에 뿌리를 두고 있다고 전했다. 아인샴스대학교에서도 한국어과 학생들이 주관한 한복 패션쇼를 개최하였다. 참가한 여학생들은 히잡을 착용한 채 한복을 입어, 어색할 것 같은 히잡과 한복의 조화를 보여 주었다.

카이로에서 130㎞ 떨어져 있는 농업 도시 파이윰과 수에즈 운하를 관리하는 이스마일리아의 스포츠 센터에서는 지역 청소년을 대상으로 태권도 강좌가 열리곤 한다. 어린이들은 현지 이집트 태권도 사범의 한국어 구령에 맞추어 절도 있게 한 동작 한 동작 따라 한다. 알렉산드리아, 포트사이드 등에서도 이집트의 태권도 국가대표 출신들이 지역 청소년들을 대상으로 태권도를 지도하고 있다. 특히 남부의 관광 도시인 아스완에는 한국인 코이카(KOICA) 사범이 세운 고려태권도장이 있다. 이곳에서 태권도를 배운 수강생들은 관광 중인 한국인을 만나면 반갑게 "안녕하십니까?" 하고 말을 건넨다.

　이집트에서는 2006년부터 한국어 학습자 격려 및 확산을 위한 '중동·아프리카 한국어 말하기 대회'가 개최되었다. 지금은 주변의 요르단, 모로코, 튀니지, 케냐, 에티오피아 등에서 한국어를 배우는 학생들도 참가하여 명실상부한 중동·아프리카 한국어 말하기 대회로 발전하였다. 초기에는 원고를 들고 발표하는 수준의 한국어 실력이었으나, 지금은 원고 없이 자유롭게 얘기하는 수준이 되었다. 직접 한국을 방문한 체험담이나 한국 문화에 대한 충격, 양국 문화 비교 등 주제도 다양해졌다. 눈을 감고 발표를 들으면 한국인 학생인지 외국인 학생인지 구분이 안 될 정도로 참가자들은 자연스럽게 한국어를 구사한다.

　이집트에서의 한국 문화에 대한 관심은 한국어과 개설을 추진하는 대학이 늘고 있는 것에서도 알 수 있다. 아스완국립대학교는 2016년에 한국어과를 개설하였다. 이집트 중부에 있는 소하그국립대학교에서도 한국어과를 개설하였는데, 아인샴스대학교 한국어과 출신을 고용하여 운영하고 있다. 한국어를 전공으로 선택한 학생들이 지속적으로 공부할 수 있도록 지원과 관심이 필요한 시점이다.

젊은이들을 중심으로 한국어 학습자가 늘어나 이집트 및 아랍권 내에 친한(親韓) 이미지가 확산되고, 한국과 아랍 국민들 간의 교류가 강화되기를 바란다.

다른 듯 닮은 이집트 이야기

초 판 1쇄 인쇄·2021. 3. 1.
초 판 1쇄 발행·2021. 3. 10.

지은이   박재양
발행인   이상용
발행처   청아출판사
출판등록 1979. 11. 13. 제9-84호
주소   경기도 파주시 회동길 363-15
대표전화 031-955-6031   팩스 031-955-6036
전자우편 chungabook@naver.com